le bandiere
le drizze

4

serie Atti, pamphlets e saggi

Ancora qualcosina su fotoromanzo e dintorni

Atti di un sesto di giornata di studi

a cura di
Luciano Curreri
e Michel Delville

Nerosubianco

le bandiere
le drizze

a cura di Luciano Curreri e Giuseppe Traina

Progetto grafico:
Nerosubianco

Via Torino, 29 bis - 12100 Cuneo
Tel. (+39) 0171 411921
www.nerosubianco-cn.com
ISSN 2785-2636
ISBN 978 88 32035 681

Questo volume è stampato su carta amica delle foreste

A Leuven e a Liège, all'Amicizia.

Un sesto di giornata di studi sul Fotoromanzo...
Un sixième de journée d'études consacrée au roman-photo...

Tutto quello che non avreste mai voluto leggere – o rileggere – sul fotoromanzo.

Tout ce que vous n'avez jamais voulu lire - ou relire - sur le roman photo.

29/09/2021, 10h00-14h00, ULiège, Salle de l'Horloge, place du 20-Août, 7.

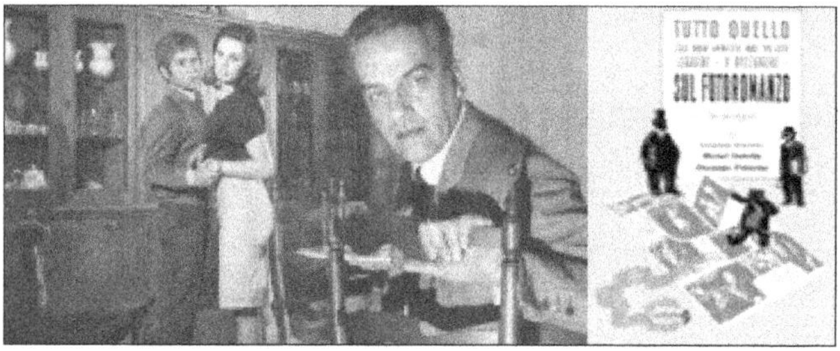

10h00
In collegamento virtuale, da Bologna, il maestro **Giuseppe Palumbo** (ISIA Urbino) parla poco (IT) ma disegna 'da Dio' (fa le due cose insieme e la fa bene ;-)
Tandis que, en chair et en os, le légendaire **Jan Baetens** (KUL) révèle le mystère (FR).
(Gestiscono il traffico d'immagini e parole e) moderano (meglio: cercano di moderare):
Luciano Curreri (IT) & Michel Delville (FR).

10h30
Luciano Curreri (ULiège, non più moderatore per evidente conflitto di interessi): *Auto-Rassegna-Moci («Belphégor», «La ricerca Loescher», «Retroguardia», «Venerdì-La Repubblica»...)* (IT).

10h50
Julien Delvaux (ULiège-UNICT): *Il delitto di Giovanni Episcopo* en ciné-roman-photo

11h10
Alexandre Lansmans (ULiège): *Marguerite Duras et la tentation du roman-photo* (FR).

11h30
Alex Bardascino (ULiège): *Foto di famiglia. Il fotoromanzo nei ricordi di tre, quattro ragazze di provincia* (IT).

11h50
Daniele Laino: *Un incidente di percorso? Nino D'Angelo in «Fotoromanzo» (1986).* (IT)

12h10
Michel Delville (ULiège): *Pour le roman-photo expérimental* (FR)

12h30-13h15
Gestione del ritardo e pausa-pappa al volo 'ciascun la sua, quella di Dio per tutti' (Luciano Curreri fa Dio e Michel Delville fa Bacco, il Tabacco essendo vietato, mentre di Venere si dirà tantissimo ma solo si dirà... :-)

13h15-14h00
Débat : *Tutte e tutti contro tutti e tutte*
+ caffé offerto dalla Facoltà al CF delle 14h30 (Scherziamo, tutti da Mers, alle 14h05, paga Michel)

CONTACTS:
Due peripatetici d'oggi / Deux péripatéticiens d'aujourd'hui : Luciano Curreri & Michel Delville
Luciano.Curreri@uliege.be - mdelville@uliege.be

PUBBLICAZIONE:
Gli interventi saranno pubblicati in un volume curato da Luciano Curreri & Michel Delville per l'editore Nerosubianco nel 2022.
Les communications seront publiées en 2022 dans un volume édité par Luciano Curreri & Michel Delville chez la maison d'édition Nerosubianco.

cipa TRAVERSES UNITÉ DE RECHERCHES TRANSDISCIPLINAIRE belspo

Passione inestinguibile

Giuseppe Palumbo (ISIA Urbino)

PALUMBO, NEI PANNI DEL SUO TOTEM, AGILE DIVENTA UN AVATAR PRONTO AD AFFRONTARE QUALUNQUE INDAGINE.
W IL FOTO ROMANZO!
E PALUMBO CI SI IMMEDESIMA A TAL PUNTO CHE SPESSO GLI E' DIFFICILE DISTINGUERE TRA REALE E IMMAGINARIO. E NOI CON LUI!
Non voglio noie nel mio locale!
IFIX tchen tchen, crepa nazi!
PALUMBO SI IMMERGE NELL'OGGETTO DELLA SUA NARRAZIONE VENENDONE RISUCCHIATO.
ALLE VOLTE PURE TROPPO...

LA SUA EMPATIA SFOCIA COSI' NELL'EGOTISMO PIU' MEGALOMANE. SI FA PANDEMIA.
Amatemi: è per il vostro bene!
E COSI' ECCOLO APPARIRE NOSTRO MALGRADO NELLE OPERE D'ARTE...
Grosz approva!

LIFE
OUR HORSE-HAPPY WRITER'S
SULLE COPERTINE DI NOTI ROTOCALCHI...
PALUMBO E' UN VIRUS E PER LUI NON C'E' FOTOROMANZO CHE BASTI.
La vita non è un fotoromanzo, baby!
VIVIAMO NELL'ATTESA DI UN VACCINO CHE CI IMMU-NIZZI DA QUESTA PASSIONE INESTINGUIBILE!
FINE

Je t'aime, je t'aime ou les joies de la « pauvreté » photo-romanesque

Jan Baetens (KUL)

Tel qu'il a fonctionné pendant plusieurs décennies, de ses débuts tonitruants en 1947 à son lent mais irrémédiable déclin après 1968, le roman-photo traditionnel a toujours pâti d'une double tare, esthétique d'abord, idéologique ensuite. Enfermé dans le carcan du récit à l'eau de rose, il s'est vu disqualifié comme la triste survivance du mélo du dix-neuvième siècle, modèle narratif conservé au-delà des années-charnière où ce type d'histoires était devenu, non pas suranné –il l'était déjà à ses origines, comme le montrent les parodies surgies presque immédiatement (voir le premier long-métrage de Fellini, *Le Cheik blanc*, 1952) – mais littéralement insupportable aux yeux de son premier public, les lectrices des magazines féminins, désormais en quête de nouvelles aventures et de véritable émancipation. De plus, mais d'un point de vue plus formel, le roman-photo a toujours eu du mal à varier sur ses schémas de base –grille de six à neuf photos par page, recours quasi-exclusif aux images posées de deux ou trois acteurs seulement, sempiternelle répétition des mêmes techniques de cadrage, etc. Ce manque de variété, dans un monde voué au changement permanent, ne pouvait pas ne pas être perçu comme une insigne maladresse.

L'un et l'autre de ces défauts ont pu faire voir dans le roman-photo l'exemple superlatif de l'industrie culturelle, identifiée puis dénoncée par Adorno et Horkheimer dès les années 40, juste avant l'émergence du roman-photo proprement dit (que même s'ils avaient rédigé leur livre plus tard, les auteurs de *La Dialectique de la Raison* (1983 [1944]) auraient sans doute raté en raison du caractère exclusivement latin du phénomène, à peine présent dans les aires germanique ou anglo-saxonne). On se rappelle la double thèse des chefs de file de l'École de Francfort, à l'époque encore exilés à Los Angeles : 1) la production culturelle obéit désormais aux mêmes principes de standardisation rationaliste que la production des biens matériels, et 2) cette production perd la vocation libératrice de l'art sérieux pour participer désormais du grand lavage de cerveaux des temps modernes, quel que soit le régime politique, démocratique ou dictatorial, où on l'observe. Et on prend pour lapalissade que ces deux thèses s'appliquent sans réserve au roman-photo, comme les critiques se sont plu à souligner de manière presque sadique (passons pudiquement sur le fait que leurs reproches reflètent en bien des cas une misogynie et un mépris des goûts populaires aujourd'hui moins faciles à diffuser tacitement).

Pour fausse et incomplète qu'elle soit, telle est bien l'image – ou faut-il dire la *légende* ? – que l'on continue à se faire du roman-photo. Petit à petit, le travail d'archives aidant, on parvient certes à nuancer, puis à franchement questionner ce faisceau de lieux communs[1]. Cette évolution des esprits est réjouissante et sûrement promise à un bel avenir, même si elle demeure aussi très lente.

Dans les lignes qui suivent, je voudrais cependant revenir sur une autre facette du roman-photo, sa fameuse et insondable *bêtise*, que Roland Barthes qualifiait non sans raisons de traumatisante (1982 : 59-60) et qui constitue sans nul doute un des aspects clés de notre *fascination* – encore un terme du discours barthésien – pour un art venu des couches inférieures de la culture de masse. Cette bêtise n'est pas séparable de l'*obscénité* du roman-photo (Barthes 2002 : 220), qui dit, répète, accentue, montre, exhibe, multiplie, dissémine ce qui devrait rester caché ou si l'on préfère « hors-scène » : le langage amoureux, celui qu'on se dit qu'il est impossible d'assumer au premier degré dans une société qui ne sait que trop à quel point nos pensées, nos sentiments, nos habitudes, nos conventions, nos affects, voire notre inconscient sont traversés de mille et une déterminations externes et ce faisant échappent à ce que nous n'osons plus appeler ou penser comme « notre » moi. Pourtant c'est bien cela que dit le roman-photo, en toutes lettres et sans la protection des guillemets ni de l'ironie postmoderne. L'inacceptable naïveté de la formule « je t'aime » est peut-être ce que nous avons cherché –ou cherché *aussi*– dans le roman-photo. C'est très probablement ce que nous avons lu et relu chez le coiffeur ou par-dessus l'épaule d'une voisine (d'un voisin ?) dans le train, du bout des doigts ou des yeux mais irrésistiblement attirés par cet objet que nous tentions en même temps de couvrir comme le sein de Dorine.[2]

Cette hantise, mais aussi ce désir du discours sentimental, inavouables à la clarté du jour, peuvent cependant être interprétés d'une tout autre manière. J'en distinguerais, pour aller vite, au moins trois et qui ont toutes les trois à voir avec la notion de *pauvreté*.

La première emprunte la piste ouverte par Richard Dyer dans un article peu orthodoxe sur la culture de masse (Dyer 2002). Prenant le contrepied d'Adorno et Horkheimer et radicalisant la défense benjaminienne de la réception « distraite » – typique des produits de la culture médiatique contemporaine et brouillant la frontière entre spécialistes, savants ou connaisseurs, d'une part, et lecteur ou spectateur ordinaires, d'autre part –, Dyer renverse radicalement la perception négative d'un genre cinématographique superficiellement clinquant mais profondément pauvre, car mis au service du pur divertissement. Pour Dyer, le régime de passe-temps et d'amusement du musical n'a rien d'asservissant, à condition de saisir le statut particulier des séquences chantées-dansées (on peut penser ici à Fred Astaire et Ginger Rogers) qui ponctuent le déroulement de l'histoire, cadre narratif et diégétique de tous ces films. Ces « numéros » ne sont pas de simples interruptions, mais des moments de grande intensité émotionnelle et perceptive qui donnent accès à un monde non seulement de rêve, mais aussi à un monde rêvé, activement désiré ou recherché, où le public peut réaliser une sorte d'utopie, non dans le but de fuir pendant quelques instants les contraintes et la dureté du monde réel, mais afin d'y trouver une nouvelle inspiration montrant ou suggérant qu'une autre vie est possible. La logique du roman-photo n'est pas étrangère à de telles motivations, comme l'ont bien remarqué certaines critiques féministes. Par exemple Sylvette Giet (1988) a mis en valeur le rôle fondamental du roman-photo dans la création d'un nouveau langage et partant de nouveaux rapports, amoureux et autres, entre hommes et femmes (à cet égard il serait dommage d'oublier que les protagonistes de la plupart des romans-photos même très conventionnels sont toujours des femmes indépendantes, soucieuses de décider elles-mêmes de la vie qu'elles souhaitent mener, avec ou sans partenaire).

Une seconde piste, un rien plus surprenante peut-être, est liée à la pauvreté même de l'image photographique, qu'il serait dangereux de vouloir camoufler. S'il existe de nombreux romans-photos très correctement photographiés et mis en pages, l'invention formelle est loin d'être toujours au rendez-vous dans la production « moyenne » du genre. Or, cette relative indigence fait sens et devrait encourager à mettre en place des critères d'évaluation sans lien avec ceux de la culture légitime, qui oscillent entre les deux extrêmes qui se touchent : *beauté* (souvent conventionnelle) et *laideur* (qui est moins la négation du beau que son envers et partant son double). Dès lors, le roman-photo crée la possibilité d'élaborer des outils d'analyse qui, sans pour autant exclure les notions de beau ou de laid, privilégient des propriétés matérielles d'un tout autre ordre, moins asservies aux images elles-mêmes qu'aux *rapports entre elles*. La répétition plutôt minimaliste à l'intérieur de nombreuses séquences représenterait ici un terrain d'analyse parfaitement approprié.

Enfin, il est une troisième piste –en fait l'extension ou la radicalisation de la seconde– qui pourrait trouver dans le roman-photo un formidable banc d'essai : le décryptage quantitatif, dit « à distance », assisté par ordinateur, d'un corpus qui, à la différence de nombreux autres médias visuels –il suffit de penser au cinéma– a le double avantage d'être relativement *simple à analyser* (la reconnaissance optique d'une case, voire d'une planche de roman-photo n'a pas la complexité de celle d'une photogramme, pour ne rien dire d'un plan de cinéma : il y a, en général, moins de choses à voir et il est peu d'images photo-romanesques dont la structure interne est aussi vertigineuse que celle des images d'un film) et *fortement répétitive* (pour le chercheur en humanités numériques, c'est là une chance inouïe : ce qui se ressemble et ce qui s'oppose dans une image de roman-photo se repèrent probablement beaucoup plus vite ici que dans une galerie de peintures ou un corpus de films).

Bibliographie

T.W. ADORNO et Max HORKHEIMER, *La Dialectique de la Raison*, trad. Eliane Kaufholz, Paris : Gallimard, coll. « Tel », 1983 (1944).

Roland BARTHES, *L'Obvie et l'obtus*. Paris : Seuil, 1982.

-----, *Fragments d'un discours amoureux*. Dans *Œuvres complètes V*, Paris : Seuil, 2002 (1977).

BELGICA, section : « Roman-photo ». En ligne : https://belgica.kbr.be/BELGICA/photonovels.aspx (consulté le 8 octobre 2020).

Richard DYER, « Entertainment and Utopia". Dans *Only Entertainment*, London: Routledge, 2002 (1977), 19-35.

Sylvette GIET , Nous Deux *1947-1997. Inventer la langue du cœur*, Leuven/Paris : Peeters/Vrin, 1998.

Marion MINUIT, Dominique FABER et Bruno TAKODJERAD, Nous Deux *présente la saga du roman-photo*, Paris : Jean-Claude Gawsewitch, 2012.

PHOTO-LIT, site portail du projet BELSPO (2016-2020, partenaires : KUL, KBR, ULiège) sur le roman-photo belge. En ligne : https://www.photolit-brain.com/ (consulté le 8 octobre 2021).

Monica TURRINI, « Fotoromanzi ». En ligne : http://www.fotoromanzi-topilio.it/ (consulté le 8 octobre 2021).

Notes

[1] Pour l'exemple moins connu du roman-photo belge, voir le projet Photo-Lit (2020) et les archives numériques accueillies par le site de la KBR (Belgica, 2020). De manière plus générale, il convient de signaler ici les travaux de Bruno Takodjerad (Minuit, Faber et Takodjerad 2012), notamment dans le groupe *facebook* « Fotoromanzotutto ». Pour l'Italie, ou de manière plus précise pour la société de production, Lancio, on peut se reporter à l'archive très riche de Monica Turrini, « Fotoromanzi » (2021).
[2] Loin de moi l'idée de suggérer que le roman-photo ne peut se lire qu'à travers ce prisme-là. Mais pour les lecteurs moins familiers du corpus, c'est la toute première porte qui s'ouvre.

Auto-Rassegna-Moci («Belphégor», «La ricerca Loescher», «Retroguardia», «Venerdì-La Repubblica» ...)

Luciano Curreri (ULiège/Traverses/CIPA)

Prendere la parola dopo Jan Baetens (1957) a proposito del foto- e cine-romanzo e magari cercare di essere 'imaginifico' dopo Giuseppe Palumbo (1964) può tradire due miei potenziali stati d'animo: mi penso e sogno 'coraggioso' oppure decisamente in bilico – da saltimbanco birichino – tra l'avventato e l'azzardato.

Ebbene, queste due posture sono state le mie fin dall'inizio del lavoro con Jan e il *team* di PHOTO-LIT cui mi invitò, con la consueta generosità, Michel Delville (1969), amico e collega in quel di Liège, con cui ci si era già lanciati in qualcosa di relativamente avventato e azzardato in seno a un volume uscito nel 2015, in tre lingue (francese, inglese e italiano), e dedicato a *Profondo rosso* (*Deep red*, *Les frissons de l'angoisse*, 1975) di Dario Argento (1940).

Ora, il modo migliore di evadere queste due posture è, a mio avviso, il prendersi in giro e il fare, col sorriso sulle labbra, quella che in italiano si chiama 'autocritica'. Come si fa 'autocritica'? In genere, si prendono le critiche delle altre e degli altri, specialmente quelle chiare e oneste (cioè quelle che non sono necessariamente e sempre positive, ma almeno non astratte e disoneste, ecco), e – si può dire scherzando con il titolo del mio intervento – ci si 'Auto-Rassegna'. In effetti, *Auto-Rassegna-Moci* fonde, con effetto scherzoso e straniante insieme, 'résignons-nous', 'passer en revue' e 'auto-évaluation': *bref, résignons-nous à nous auto-évaluer en passant en revue les comptes rendus*. A proposito di che? Ebbene, di quel tipo di esperimento fumettistico, narrativo e saggistico a un tempo che visualizza la chiacchierata-*quête* di Michel, di Giuseppe e del sottoscritto a proposito di, come recita il titolo del volume edito da Comma 22 nel 2021, *Tutto quello che non avreste mai voluto leggere – o rileggere – sul fotoromanzo. Una passeggiata*.

Pur targato marzo, il volume lo si è visto e potuto sfogliare tranquillamente a maggio, quando si è iniziata la spedizione dello stesso ad amici/amiche e colleghi/colleghe tra Italia e Belgio, soprattutto, ma anche in Francia e in Inghilterra, oltre che in Canada e negli Stati uniti. A tutt'oggi sono fuori un centinaio di copie, approdate sostanzialmente ai destinatari nei tre mesi estivi, tra fine giugno e fine settembre. Ora, l'estate non è mai stata un buon periodo per fare promozione e l'ultima vissuta, tra relativo 'post-covid' e alluvioni, incendi ed eruzioni, non ha favorito un'esplosione di recensioni, che sono, in effetti, nel numero di quattro, più un'intervista al sottoscritto in seno a un passaggio a Radio-Rai 3 Fahrenheit, il 21 luglio 2021, alle 17h00, per un quarto d'ora disturbato peraltro, diciamo, da una connessione WhatsApp non all'altezza (*mea culpa*, son sempre stato troppo lontano e le onde non sempre sono state gentili con chi è lontano).

Detto questo, cioè denunciata la relativa pochezza quantitativa di una ricezione ancora *in fieri*, le due recensioni di Riccardo Donati (1978), su «La ricerca. Loescher», il 26 luglio 2021, e di Francesco Sasso (1974), su «Retroguardia 3.0», l'11 luglio 2021, sono entrambe due belle cose, anche se la prima è quasi un micro-saggio e la seconda assomiglia più a una segnalazione (ed era anche giusto che fosse così, dal momento che il sottoscritto è redattore e collaboratore attivo di quest'ultima rivista...), un po' come quella, apparsa più di recente, il 24 settembre 2021, su «il Venerdì» di «La Repubblica», a firma dell'esperto e generoso Emiliano Morreale (1973) che – dopo un piccolo cappello introducente l'invenzione italiana del fotoromanzo nell'immediato secondo dopoguerra e il ricordo della competente e simpatica storica Anna Bravo (1938-2019), che se ne è occupata in tempi meno recenti in un bel volume edito dal Mulino (2003) –

suggerisce che «*Tutto quello che non avreste mai voluto leggere – o rileggere – sul fotoromanzo* di Luciano Curreri, Michel Delville e Giuseppe Palumbo (Comma 22, pp. 96, euro 9)» è «un libro curiosissimo, che ripercorre quella vicenda in un misto di saggio, documentazione e (appunto) racconto a fumetti. E la presenta come una *flânerie*, un'archeologia di un genere che è durato oltre mezzo secolo, fino a oggi, ma che inevitabilmente ci riporta indietro a un pubblico ingenuo e a incroci affascinanti tra i media».

Ecco, noi volevamo proprio fare qualcosa che potesse apparire, anche agli esperti, come «un libro curiosissimo». Insomma, se si riesce ad accendere una grande curiosità in un esperto del tema, dell'argomento su cui ti confronti, una parte della tua ricerca ha fatto centro! A Morreale sicuramente è piaciuta la modalità: «un misto di saggio, documentazione e racconto a fumetto» presentato come «una *flânerie*», come «una passeggiata», così come la evoca pure il sostantivo-sottotitolo, che gioca col titolo, arginandone e veicolandone la 'stranezza' già sentita in un percorso, che è sicuramente 'meta' ma anche concretamente dato come tale grazie alle non poche *trouvailles* nella nostra cultura tutta e alla capacità di trasmetterle anche in immagini nuove, lavorate, ridisegnate, 'riscattate', dal terzo moschettiere, l'amico e artista che fa parlare una *quête* anche accademica (anche potenzialmente noiosa) fin dall'immagine di copertina, che è un capolavoro: Giuseppe Palumbo.

Abbiamo poi avuto, finalmente, la fortuna di leggere l'ormai pubblica – e sempre positiva – recensione di Vittorio Frigerio (1958), che avrebbe dovuto apparire già a fine settembre ma che è stata fatta scalare nel numero 19-2/2021 di «Belphégor». Si tratta di Vittorio Frigerio, «Curreri, Luciano, Michel Delville, Giuseppe Palumbo. *Tutto quello che non avreste mai voluto leggere – o rileggere – sul fotoromanzo. Una passeggiata.*», «Belphégor» [en ligne], 19-2/2021, mis en ligne le 20 décembre 2021 (URL: http://journals.openedition.org/belphegor/4317; DOI: https://doi.org/10.4000/belphegor.4317).

A maggior ragione ne teniamo conto, al fine di evidenziare – attraverso diverse 'attenzioni' – alcune tracce di 'autocritica' relative al volume ma anche e soprattutto al sottoscritto. Va da sé che l'autocritica, che è una sorta di decostruzione, finisce per offrire sempre una complementare costruzione, qualora funzioni. Perché un conto è *s'envoyer des fleurs* e un altro è cercare di ricordare e capire, e fare storia della critica, come si diceva una volta.

Sia Donati che Frigerio sottolineano il legame con un esperimento forse più plateale, edito nel 2011 da Palumbo e dal sottoscritto, che si intitolava *L'elmo e la rivolta*, e che voleva essere *un* – se non propio *il* – primo vero saggio grafico, critico-fumettistico, a uscire nel Bel paese degli inventori, con tanto di seria e densa Bibliografia: era – faccio autocritica – un testo complesso, che non si faceva mancare niente, forse non sempre facile da leggere e vedere e più atto ad essere raccontato e disegnato dal vivo, come riuscimmo a fare, almeno una volta, Peppe ed io, in occasione di un piccolo *tour*, dove fummo accolti anche in un cinema, a Padova, e offrimmo in tal senso una bella *performance*, di cui, purtroppo, non c'è traccia video, ch'io sappia. Molti ci dissero che raccontavamo e disegnavamo all'unisono - senza artificio, senza retorica... – e che la potenziale didattica che ne scaturiva era degna di un insegnamento universitario davvero interdisciplinare: cioè concretamente interdisciplinare.

Cosa volevano dire ieri quei benevoli spettatori? Cosa voglio dire io, oggi? Che era ed è bello visionare un lavoro, un esperimento, che non sia sempre e soltanto (cioè che non risponda solo a una) Teoria dell'interdisciplinare ma, soprattutto, Pratica dello stesso. Osare, in fin dei conti, anche negli studi, nelle ricerche, è proprio questo: costruire, pur in seno a una certa complessità, ovvero anche (e continuo l'autocritica) dare vita a un prodotto che il libraio non sa dove mettere (in quale scaffale) e quindi come vendere. Insomma, posso anche accettare che l'albero della teoria sia – debba essere - sempre verde ma non mi rassegno al fatto che gli scaffali delle librerie e, ahinoi, anche quelli delle biblioteche – pubbliche e private, materiali ed elettroniche – continueranno per di più a ingrigire come 'compartimenti stagni', con poca consapevolezza storica, storico-critica, e sostanzialmente grazie a un gruppo di non plurali teorici che dà loro benedizione militante e remunerativa come quella espressa dai gesuiti *d'antan* in seno alle loro missioni coloniali, commerciali ed educative. Sarà anche per questo che sono sempre stato 'francescano' e contro la problematica grandiosità dell'accumulo capitalistico, financo in quei tristi termini culturali che della teoria non fanno quasi mai pratica concreta dell'altro e dell'alterità e son sempre e soltanto tradotti, quando va bene, in segni; ma ormai, e sempre più, in cifre.

Lasciamo stare, anche se parecchio importante, questa polemica e facciamoci piuttosto la vera domanda che la mia affabulazione sulla stessa ha di fatto coperto. Quanto di più complesso e meno facile c'era in *L'elmo e la rivolta* mi ha aiutato a capire e superare le difficoltà creative mie/nostre prima di quelle del sistema (che io penso essere del sistema) nel mettere a punto *Tutto quello che non avreste mai voluto leggere – o rileggere – sul fotoromanzo*?

Io penso di sì ma senza che la legittima autocritica diventasse censura e poi silenzio. In effetti, Donati, Frigerio, Sasso, lo stesso Morreale (il più 'esperto' dei quattro) insistono non a caso sul ruolo – anche sul 'meta' ruolo o funzione che dir si voglia – della camminata e, più precisamente, dell'ancora sorprendente *Passeggiata* del grande Aldo Palazzeschi (1885-1974), che ci permette di far capire meglio il concetto di *flâneur* fin dall'*incipit* (senza passare sempre e solo per Charles Baudelaire [1821-1867] e Walter Benjamin [1892-1940], comunque ricordati, *et pour cause*) e di dar vita a quello che il nostro Jacques Dubois (1933) ha avuto la finezza di chiamare, nello 'strillo' della quarta di copertina, «saggio passeggiato».

Nel testo vero e proprio, invece, il sottoscritto ha avuto l'eleganza, se volete, di non 'auto-correggersi' da sé – cioè di non auto-sublimarsi e, in fin dei conti, di auto-assolversi da solo – ma di farlo grazie al sodale compagno nella camminata, cioè Michel Delville, che funziona proprio come 'diga critica' nei confronti del mio entusiasmo verso la cultura tutta, la cultura come esplosione, direbbe il grande Jurij Lotman (1922-1993).

Lo capisce molto bene Vittorio Frigerio, che osserva: «I "personaggi-critici" – perchè in una tale opera l'immagine degli autori contribuisce essa stessa a orientare la lettura e a trasmettere il messaggio – si alternano così con garbo e entusiasmo, l'uccello-Delville occupato a trattenere e far confluire quel fiume di citazioni e di trovate che è il camminare del mastino-Curreri, che tratta il suo soggetto come fosse un grosso osso da rosicchiare un po' in tutti i sensi, e poi il cagnotto-Palumbo, con l'indice pedagogicamente puntato, che illumina felicemente le riflessioni dei colleghi con i suoi disegni dai contrasti marcati».

Insomma, non mi sono silenziato (ce la mette già tutta il mondo, a silenziarti, che non val certo la pena aiutarlo in tal senso, *n'est-ce pas ?*) e mi son fatto silenziare apposta da Michel per tradurre l'autocritica in critica e dialogo e, a un tempo, esaltare le creative, didattiche e tecniche indicazioni di Peppe Palumbo, conscio di quanto si era riusciti a fare in passato, nella sala di un cinema, cioè andare oltre i limiti di *L'elmo e la rivolta* e sognare di scrivere (già) un'altra cosa: *Tutto quello che non avreste mai voluto leggere – o rileggere – sul fotoromanzo. Una passeggiata*, per l'appunto.

Il delitto di Giovanni Episcopo en ciné-roman-photo

Julien Delvaux (ULiège/Università di Catania)

Le 13 janvier 1955, le numéro du "Cineromanzo per tutti", proposé par les Edizioni "Lanterna magica", était consacré à *Il delitto di Giovanni Episcopo*. Ce ciné-roman-photo, pour reprendre le terme utilisé par Jan Baetens[1], est développé à partir d'une refonte et d'un réagencement des images du film homonyme d'Alberto Lattuada, sorti en 1947, et lui-même librement adapté du roman de Gabriele d'Annunzio, *Giovanni Episcopo*, datant de 1891. Le recul de sept années semble témoigner d'une foi dans le rappel du film au public et en cet âge d'or du ciné-roman-photo, la question primordiale ne concerne plus tant le genre lui-même que sa formule: tout en les remerciant du succès de son bimensuel "Cineromanzo per tutti", récemment étoffé par un troisième numéro de grandeur exceptionnelle, le "Cineromanzo gigante", la revue sollicite l'opinion de ses lecteurs et émet les vœux d'une connivence encore accrue par rapport à 1954. La première de couverture mentionne le titre et le nom de deux des trois acteurs principaux: Aldo Fabrizi, qui joue Giovanni Episcopo, et Yvonne Sanson, son épouse Ginevra. Elle affiche le visage de cette dernière sous trois angles différents dont l'un en face du sinistre Giulio Wanzer, regroupant ainsi les amants qui dynamitent le destin du pauvre Episcopo. La deuxième de couverture reprend le nom des acteurs principaux et, fait peu fréquent, nomme la conceptrice de ce ciné-roman-photo: Mara Baldeva, en grande partie oubliée aujourd'hui[2]. L'œuvre s'étend sur cinquante-deux pages toujours structurées en multi-cadres de six photogrammes de tailles équivalentes, à l'exception de trois d'entre elles. Le numéro s'achève avec dix pages qui entre voyance, conseils sentimentaux et nouvelles de vedettes, rapportent le nouvel épisode des aventures rocambolesques d'une manucure ainsi qu'une rubrique intitulée "Come si diventa divi": une rubrique qui, en chaque numéro, transmet les conseils d'acteurs célèbres et les assortit des résultats d'un concours basé sur la photographie des lecteurs qui aspirent à cette voie. Les hauts noms qui président ce concours - *Soldati, De Laurentis, etc.*- témoignent du fait que les ciné-romans-photos étaient régulièrement réalisés en synergie avec le monde de la production.

Si son genre avait au début trouvé le plus fréquemment source dans des films populaires, qu'il était plus aisé de convertir à des règles mélodramatiques et aux tremplins d'attente analogues à ceux du roman-photo, le cas de refonte et de recomposition qui nous occupe dérive d'un film d'auteur. Ce n'est par ailleurs pas la première fois que ces éditions optent pour un Lattuada: *Anna* (1951) fut l'une de leurs premières œuvres adaptées. Le cinéaste était d'ailleurs lui-même sensible à l'univers des romans-photos, auxquels il comparait volontiers la trame linéaire de certains de ses films[3] et qu'il identifie au socle des rêves de son héroïne de *Luci del varietà* (co-réalisé avec Fellini, 1950); le tout sans leur adresser de regard particulièrement critique, ce que ne manqua pas de lui reprocher un Aristarco[4]. Les films de Lattuada ne constituent cependant qu'une référence parmi d'autres, aux côtés de Visconti, Antonioni, Bergman, etc., dans ces nouvelles voies du ciné-photo-roman, qui témoignent de l'intérêt de nouveaux types de publics, plus instruits, et ouverts aussi à son caractère délicatement faussaire, ce genre étant rapidement conçu comme une élaboration indépendante ou tout au moins séparable du film, jusqu'à être réalisée parfois à l'insu des réalisateurs et producteurs[5].

Le ciné-roman-photo de Mara Baldeva lie les images à des commentaires tracés dans un espace spécifique en haut de l'image ou à des dialogues indiqués à l'encre blanche sur fond direct de photogrammes. Le premier épitexte occupe une case entière et décrit Giovanni: « È un uomo qualunque che divide la sua esistenza grigia e tranquilla tra le scartoffie del suo ufficio e la modesta cameretta di pensionante familiare. Ama quella vita » (p. 1)[6]. L'épitexte se substitue à une séquence du film dans laquelle la voix hors-champ de Giovanni, qui est déjà celle de sa confession, fait part des petites habitudes de sa vie sur fond de panoramiques descriptifs, un type d'image récurrent chez Lattuada: un centre des Archives de l'État ou les petites rues de la capitale. Le ciné-roman-photo montre le personnage dans sa pension, apprécié par ses logeurs, admiré et même probablement aimé en secret par leur fille Santina.

Humble dans ses attentes de la vie, Giovanni cueille sans réserve le plaisir d'un nouveau costume et de quelques pas de promenade. Le ciné-roman-photo ne transcrit pas ici la pauvreté que Lattuada suggérait très discrètement dans ses images d'une Rome qui n'est pas celle du désir et des scintillements de *Il Piacere* (1889), mais est inspirée d'un tout autre roman du Vate. Giovanni est soudain attiré par « una musichetta allegra [che] giunge fino a lui, e i commenti di due signori che escono dal vicino locale colpiscono la sua mite fantasia » (p. 2). Des collègues rencontrés par hasard l'incitent à entrer dans un cabaret. Le ciné-roman-photo ne peut ici reproduire les variations sonores et autres procédés par lesquels le film marque le passage de la rue à un intérieur de gaieté apparente, son mélange relatif de classes sociales, ses mouvements de danse et de jambes nues, de lumières; il peut en revanche allier une technique d'épitexte à la mesure adroite des enchaînements d'images case après case.

C'est dans ce cabaret que Giovanni rencontrera celui qui, après avoir suscité en lui des rêves nouveaux, causera sa perte. Le ciné-roman-photo l'annoncera bientôt par un épitexte au-dessus d'un photogramme montrant Wanzer de dos et en fond de plan, retournant à ses ténèbres après avoir hypnotisé Giovanni: « Il genio del male ha già sparso il cattivo seme; poi soddisfatto, si allontana » (p. 6). L'interprétation de Lattuada suggérait déjà ce manichéisme, ainsi que ce thème populaire du "diable" absent du roman. Elle a pu s'inspirer des jeux de lumières de l'expressionnisme allemand et de l'univers de Marcel Carné, qui sont chez lui des références générales attestées[7]; cette œuvre étant relativement peu étudiée pour elle-même, et peu commentée dans les entretiens édités du cinéaste[8], il serait toutefois malaisé d'être d'emblée plus précis. Le ciné-roman-photo n'a pas repris les intéressants plans de l'entrée en scène, toujours de dos, de Wanzer dans le cabaret, descendant d'une riche voiture tout en cape et chapeau haut-de-forme, et tenant constamment un bâton en main.

Wanzer est un maître familier des tavernes et des salles de jeux. Il a le verbe souvent dur et la main haute dès qu'on le contrarie. Tous le craignent mais ce soir-là, le fanfaron Doberti, enhardi par le vin, l'accuse de tricher au billard et lui tient tête. Giovanni, qui souhaite aller dormir de bonne heure, est retenu par ses collègues au milieu de « conturbante ragazze » (p. 4) qui embarrassent son austérité naturelle. Placé malgré lui au milieu de la dispute, il est blessé au front par un verre lancé par Wanzer, à côté de sa cible réelle; Giovanni en gardera une profonde cicatrice, marque d'une servitude qui paraîtra dès son lever de chapeau. Wanzer accompagne "généreusement" Giovanni chez le médecin, ce dont celui-ci, qui s'était déjà excusé d'avoir fait tomber son cigare par mégarde, s'excuse encore. Le ciné-photo-roman sélectionne à cet endroit un photogramme qui aligne deux actions: le "Malin" qui fouille les poches de Giovanni à l'avant-plan, et ce dernier qui est soigné dans la profondeur (p. 6). Ce type de construction, complexe et élaborée à une époque où le septième art redécouvrait la profondeur de champ, rappelle que le découpage perceptif, même lorsque l'écran est comme ici en quelque sorte éclaté et momifié, peut être propre à tout récepteur d'images.

L'employé paraît être une cible intéressante et en le raccompagnant chez ses logeurs, Wanzer l'envoûte littéralement: comment se peut-il qu'une personne pleine de potentiel comme lui vive dans cette univers monotone, aux gens peut-être « bons mais ennuyeux »? Giovanni envie déjà l'aisance de ce nouvel ami si mystérieux, cet ajustement magique du monde au désir. Le secret qui se loge en son tréfonds, mais à ce stade seul le lecteur s'en rend compte, ne relève pourtant que du plus trivial: « Con il denaro ottiene tutto! » (p. 6). Le Malin se fait prestidigitateur: il ouvre le rideau sur la fenêtre de la jeune voisine, conte la beauté de la vie et du rêve, et puis le referme... Le ciné-roman-photo ne retient pas ici quelques gros plans d'importance sur les visages, dont les jeux de lumière suggèrent toute une hypnose, mais l'essentiel est dit. La composition de la page suivante (p. 7) manifeste la mutation de l'existence de Giovanni: dans le premier cadre, Wanzer est convaincant de promesses; Giovanni salue ensuite ses logeurs, qui expriment l'inquiétude qui devrait être sienne: « Quell'uomo lo ha stregato [...] Non lo vedremo più » (p. 7). À nouveau, mais on sait à quel point la réalisation des ciné-romans-photos pouvait être contrainte dans les possibilités de son matériau et par les échéances, on aurait apprécié ce plan filmique dans lequel Wanzer, tel un mauvais corbeau, prend soudain possession de l'espace en éclipsant les logeurs bienveillants. Dans l'avant-dernier cadre, il présente à Giovanni sa nouvelle chambre, dans une pension où les autres « sono tutti allegri » (p. 7). Et dans le dernier cadre, il suscite l'attente du « meilleur élément »: « Basta suonare il campanello »...

À la page suivante, c'est Ginevra qui apparaît, en contrechamp des deux autres, désormais spatialement inséparables. Elle surgit d'abord en plan large et ensuite en rapproché, ainsi qu'un rêve qui suggérerait son accessibilité. Mais la voilà qui doit déjà rejoindre ses fonctions en cuisine, et c'est encore à Wanzer que le dernier cadre donne le pouvoir de résumer le sens des choses: « È la donna più formidabile di Roma, è la figlia della padrona. Quella mi piace ma a te do il permesso di portarmela via. A te solo però, perché siamo amici... » (p. 8). Quel ami en effet! Giovanni sombrera dans les espoirs empoisonnés qu'il agite, et ne réussira jamais à « vouloir » devant lui, devant celui qui confond joyeusement le mien et le tien, fouille ses affaires, vole son argent et fume ses cigares à la face de sa victime tout en s'irritant dès qu'elle tousse. Un jour, au milieu des autres pensionnaires, qui dès le début ont assailli Giovanni de leurs railleries, ciblant surtout son amour pour Ginevra qu'ils désirent pourtant tous en secret, Wanzer monte un simulacre de mariage. La jeune femme, mauvaise, se prête au jeu face à un Giovanni embarrassé. La situation annonce la réalité de leur mariage officiel ultérieur, qui n'aurait de toute façon pu tenir de quoi que ce fût d'autre que du simulacre. Ginevra entretient une

WANZER SUONA IL CAMPANELLO, GIOVANNI IMBAMBOLATO, SEGUE IN SILENZIO LE PAROLE E I GESTI DEL SUO NUOVO AMICO.
Avanti
SI APRE LA PORTA ED APPARE GINEVRA...
Avete chiamato?
Oh Ginevra, ho sbagliato, vai pure, scusami
GINEVRA LANCIA AI DUE UN'OCCHIATA MALIZIOSA ED ESCE.
Non c'è di che scusarsi...
Che ne dici?
E' meravigliosa!
La donna più formidabile di Roma, è la figlia della padrona. Quella mi piace ma a te do il permesso di portarmela via. A te solo però, perchè siamo amici...
Ehmm...ehmm.

relation avec Wanzer et compte sur lui pour la libérer de sa condition, Giovanni étant réduit au rang « d'affaire ». Dans une scène étalée sur l'espace d'une page, ce dernier vient la trouver au nom d'un hasard bien peu crédible dans sa cuisine. À ce premier cadre succède un dialogue dans lequel elle simule un intérêt à l'égard du pauvre homme, un poids que Wanzer vient ensuite « récupérer » en émergeant du fond du dernier plan en bas (p. 13).

Ayant cherché à obtenir de Giovanni de l'argent qu'il n'avait pas, Wanzer dévoile son jeu: procédant par chantage, à partir de poèmes destiné à Ginevra qu'il a trouvés, il contraint sa victime à puiser dans le coffre de son service administratif: « Non scrivere mai poesie alle donne » (p. 15). Giovanni s'exécute mais il s'arrête juste à temps, car la police arrive. On l'informe que Wanzer est sous mandat d'arrêt et a probablement fui en Argentine. Il se sent renaître! Le ciel s'illumine! « L'incubo è finito! » (p. 16). Mais le ciné-roman-photo abandonne soudain le multi-cadre pour accorder une page entière aux amants diaboliques. L'épisode n'est en effet refermé qu'en apparence: « Tutto quello che li unì in un appassionato fermento d'amore non può cancellarsi » (p. 17). Ginevra a été ensorcelée et c'est elle, désormais, qui sera son bourreau.

Bientôt, sur un peu plus d'une page où comparaît tout le possible du grotesque et de l'hypocrisie, elle se laisse courtiser. L'enchaînement des cases reproduit l'énergie des travellings descriptifs de Lattuada, qui balayaient les paysages et cascades romantiques de Tivoli. Une discussion bien centrée sur son sujet évolue par succession de plans presque identiques des deux protagonistes et s'accomplit dans le dernier cadre: « Lei intende veramente sposarmi? », « Si Ginevra, io ti amo » (p. 20). La suite ne sera qu'un supplice pour le pauvre homme, qu'une image directement issue du roman montre acculé par les achats de son épouse. Ginevra aime s'exhiber dans Rome, saluer les hommes riches, et ses amants la raccompagnent jusqu'à la porte de son éternel mari. Le ciné-photo-roman abandonne à nouveau le multi-cadre pour dédier une page à sa beauté jeune, et l'épitexte d'insister sur son avidité et sa soif de plaisirs (p. 23). Plus tard, lorsque Giovanni montre quelques velléités de protestation, elle lui avoue être enceinte. Un espoir peut-il en naître? Il est de suite contredit par une page pleine, tel un refrain funeste: Ginevra y apparaît en femme posée, presque méditative: « Una donna bella ed elegante come Ginevra ha bisogno di molto denaro (...) Non basta più il lavoro di Giovanni (...) » (p. 31)[9].

Acculé, le pauvre mari perd de sa productivité et devance le premier avertissement de sa hiérarchie par une démission volontaire. Une page condense plusieurs années de déchéance: la première case montre le bureau qu'il aimait, les suivantes les petits boulots qu'il ne preste que pour l'amour du fils. La dernière, « più giù... Sempre più giù... », aboutit dans l'alcool (p. 34). L'épouse, entre-temps, n'a pas changé de vie, mais le fils a grandi: il a environ sept ans dans le ciné-roman-photo. Mais voilà que soudain, et Ginevra a déjà appris la nouvelle de sa présence à Rome « par hasard », Wanzer frappe à la porte! Wanzer, qui a fait fortune en Argentine (« Beato lui... », dit Ginevra). S'il lui dira bientôt qu'il entend partir avec sa femme, il se présente pour l'heure en bon ami à Giovanni. Il regarde l'enfant: « E questo che cos'è? ». Dans le ciné-roman-photo, il lui demande son nom; le film est à la fois plus dur et plus subtil: « [à Giovanni] E ti somiglia però!... ». Le mouvement de caméra de Lattuada balaie ensuite une contiguïté d'espaces, entre la chambre dans laquelle Giovanni s'excuse auprès de son fils

pour lui avoir conté que sa cicatrice provenait d'une défense héroïque contre des baïonnettes, et les amants qui s'embrassent dans un fond de plan sombre, en une autre pièce.

Le jeune Cirò est d'emblée hostile à l'intrus. Dans le roman, c'est lui qui stimulera toute une agressivité externe à la logique de son père et conduira ce dernier au meurtre. C'est lui qui, plus âgé que dans le ciné-roman-photo, viendra chercher Giovanni sur son lieu de travail, parce qu'il a entendu l'homme qui s'est installé chez eux frapper sa mère: « Attrape! Attrape! ». Dans le film et dans le ciné-roman-photo, il surgit chez son père au seul motif qu'il était malade à l'école. Chez d'Annunzio, c'est aussi avec bien plus de rudesse que Wanzer porte la main sur l'enfant: deux fois, trois fois... Giovanni n'hésitera pas à la vue du couteau. Dans le film, Wanzer pousse Ginevra dehors: qu'elle l'y attende pour partir, et sans discuter! Il jette par terre l'enfant qui crie et cherche à défendre son père. Dans le ciné-roman-photo, dont il n'est pas toujours aisé de connaître le public avec précision, il se limite à parler fermement à Ginevra. L'enfant a été retiré de la scène, laquelle a cette fois été portée à quatre pages, dont deux présentent le face-à-face de Giovanni et de Wanzer, dynamisé tour à tour par une répétition des plans, par la variation de leurs angles et de leurs échelles (pp. 41-42). Dans le ciné-roman-photo, qui se fixe toujours sur certains détails du jeu d'acteur, ce sont les rares postures fermes de Fabrizi qui ont été sélectionnées, et l'épitexte montre presque une résistance de la part du père de famille: « Tu, disgraziato... Tu, ladro » (p. 42), lance-t-il au bourreau. On n'entend presque plus la voix faible que Fabrizi avait dans le film, son émotion face à celui qu'il ne sert à rien de supplier, que ce soit au nom du Juste ou du Fils.

« Giovanni è fuori di sé: meccanicamente la sua mano si impadronisce del coltello che è sul tavolo... » (p. 43). Chargé d'affect, ce premier cadre en gros plan s'ensuit d'un autre de Wanzer qui est pris de dos en plan rapproché, s'effondre en plan large dans le suivant, et est ensuite montré couché, mort, toujours en plan large. Tandis que le film montrait au moins le couteau levé en gros plan, pointé vers le haut du dos, le ciné-roman-photo a

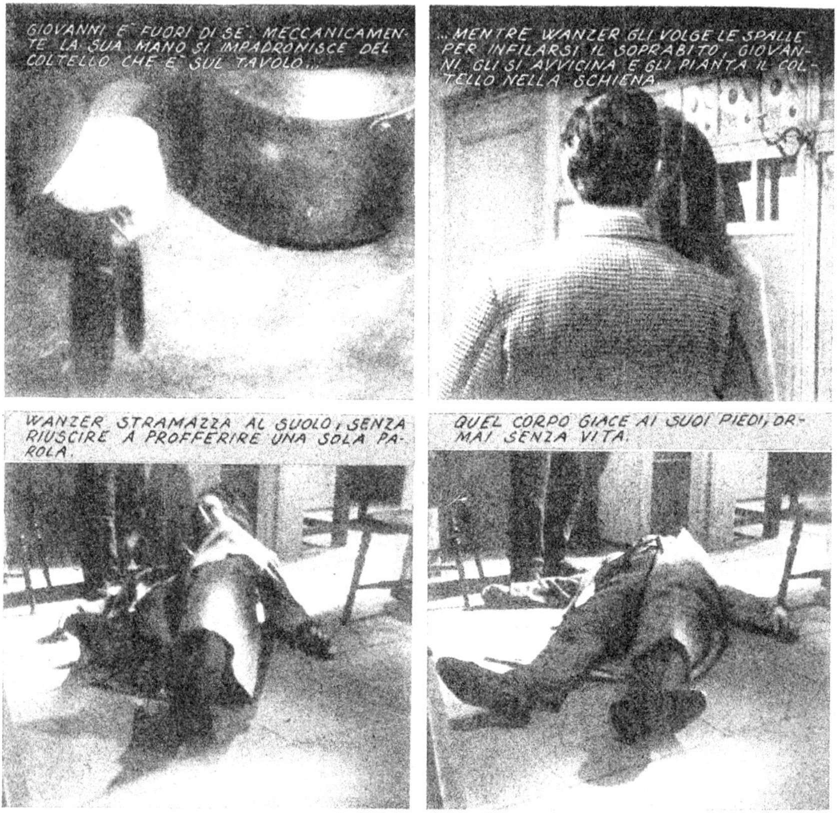

fait l'impasse sur ces photogrammes. C'est par un épitexte que les intervalles sont comblés et que l'opération intellectuelle nécessaire à la perception d'une continuité est soutenue[10].

Wanzer a acculé le père de famille à se faire meurtrier. Giovanni ira bientôt se rendre au commissariat. Mais dans une parenthèse qui laisse songer à *Ladri di bicletta,* à cette marche si sensible d'un père à côté de son fils que De Sica tournera un an après le film de Lattuada, Giovanni emmène son fils acheter des chaussures, les plus belles possibles. Comme par jeu de retour aux sources, il le confie ensuite à ses premiers logeurs, chez lesquels Ginevra les rejoindra bientôt, affligée et même contrite de tous ces événements. « Papà tornerà,... presto » (p. 51), s'entend dire l'enfant. Seul le film précise alors qu'on le place dans l'ancienne chambre de son père, où dort désormais Santina. Le ciné-roman-photo omet ici un plan fugitif mais magnifiquement intense de l'émotion de Fabrizi: celle qu'il éprouve à l'évocation de cette autre vie possible, qui elle aussi l'avait appelé jadis... L'épitexte du dernier cadre démontre en revanche une liberté poétique, évoquant la vie monotone des rues de Rome, que Giovanni retrouvera « quando la cenere del tempo avrà spento anche l'echo del suo delitto » (p. 52).

Les images sont essentielles au processus de la pensée: tel est l'un des grands leitmotivs de *Il Fuoco*, auquel un Bachelard fut si sensible. Cependant, si l'on veut bien s'attarder un peu en amont du ciné-roman-photo, ledit leitmotiv ne représente pas l'enjeu premier que Lattuada a décelé chez d'Annunzio. Ce que le cinéaste a voulu trouver chez celui-ci, du reste bien étranger à ses propres préoccupations moralistes, c'est plus certainement cette exposition des rapports "humilié-offensé", ou cette culpabilité inconsciente qui porte à la solitude. Tels sont aussi les premiers thèmes par lesquels il s'expliquait sur ses passions russes[11], et ce n'est pas un hasard si le Vate qu'il croise est celui

qui puise chez Tolstoï et Dostoïevski. Même si une partie de la critique s'est attachée à relativiser la profondeur réelle de telles inspirations chez l'écrivain, il convient de ne pas rapporter trop directement à ce dernier la passivité quelque peu schématique du personnage joué par Fabrizi, ou le caractère presque trop justifié de sa rébellion: c'est l'interprétation du cinéaste qui accentue le redoublement du rapport "humilié-offensé" par celui de l'inadapté absolument faible et pur, contre l'impur. Le ciné-roman-photo reproduit cette accentuation tout en la tempérant dans le final: le langage du père de famille y ose davantage contre le « génie du mal » qui vient de resurgir. Certes, l'Episcopo du roman prêtait le flanc au schématisme: il peine à croire en ses rêves et se différencie en cela des véritables héros du Vate, moins autobiographe ici qu'à l'habitude ou en tout cas moins joyeusement. Mais l'écriture insinue tout de même une consistance minimale ou plutôt l'intuition d'une impossible grandeur chez Episcopo: c'est ce qui donne une partie de son sens à sa fascination pour Wanzer et pour Ginevra, transparaît dans ses revendications christiques, dans la condescendance dont il ne s'abstient pas toujours, ou encore dans cette hyper-lucidité prétendue, même si la pensée s'avère en définitive aussi impuissante que dans *Le Sous-sol*. Dans la carrière de Lattuada, ce film revêt une importance transitoire: ses principes de compassion pour l'individu isolé et oppressé, son paysage de petits fonctionnaires et l'aversion qu'il voue aux bureaucraties trouveront un accomplissement supérieur dans *Il cappotto* (1952), librement inspiré de Gogol.

Le ciné-roman-photo reproduit logiquement et souvent avec créativité les options de Lattuada. Il arrive aussi qu'il les prolonge et les radicalise. Ainsi, dans le film, Wanzer n'évoque que fugitivement le sang secrètement aristocrate de Ginevra, avec laquelle son père officiel, l'ivrogne Battista, n'aurait en réalité rien à voir; le ciné-roman-photo élude cette information et ne voue plus que deux photogrammes anecdotiques à Battista. Celui-ci est pourtant bien plus qu'une caricature malhabile du carnavalesque Marmeladov, en laquelle d'Annunzio aurait omis la jouissance consciente du masochiste, et du "contrat" qui l'anime avec une épouse qui le bat: c'est aussi un beau-père qui s'amuse à tourmenter Giovanni de la quantité de princes qui auraient convoité sa fille, et un compagnon d'alcool qui préfigure son destin. Lattuada, pourtant sensible au fantastique, n'a pas non plus retenu cette fameuse raie de lumière qui terrorise le personnage dannunzien, pour qui le soleil est « la chose la plus triste au monde »; ni un fétichisme qui traverse tout le roman, tangible notamment dans l'adoration des chaussures de Cirò, dans le culte de l'esclave à sa cicatrice, ou encore dans les vapeurs d'une soupière qui attisent passionnément l'énigme de Ginevra. En résumé, l'intention de repartir de l'œuvre du Vate lui-même pourrait engendrer un tout autre roman-photo; mais nous touchons déjà là à une autre problématique.

Notes

[1] Jan Baetens, *Ascenseur pour l'échafaud en images fixes, Louis Malle en roman-photo*, "Études françaises", n. 2, 2019, pp. 57-73.
[2] Emiliano Morreale, *Lo schermo di carta. Il mondo dei cineromanzi. Un dialogo tra Emiliano Morreale e Umberto Candone*, Venerdi I giugno 2018, Centro Sperimentale di Cinematografia - Sede Sicilia.
https://www.youtube.com/watch?v=uEp2FqUGosE&t=1597s (ultima visita: 15 gennaio 2022).
[3] Giovanni Volpi, *Il cinema secondo Lattuada. Bellezza, eros e stile*, Jacopo Chessa e Emiliano Morreale (a cura di), Roma, Donzelli Editore, 2014, p. 74.
[4] Guido Aristarco, "Omnibus-Milano", 25 febbraio 1951; texte reproduit dans Filippo Maria De Sanctis, *Alberto Lattuada*, "Premier plan", Lyon, Serdoc, 1965, p. 111.
[5] Cette indépendance des deux œuvres a parfois été reconnue au niveau juridique: Monicelli et sa maison de production perdirent ainsi un procès contre les auteurs d'un ciné-roman-photo qui avait été tiré à leur insu de l'un de leurs films. Cfr. Emiliano Morreale, *Lo schermo di carta. Il mondo dei cineromanzi. Un dialogo tra Emiliano Morreale e Umberto Candone*, Lien cité. Cfr. aussi Gianni Amelio, *Non voglio perderti*, in Emiliano Morreale (a cura di), *Gianni Amelio presenta: lo schermo di carta. Storia e storie dei cineromanzi*, Milano, Il Castoro, Museo Nazionale del cinema, 2007, p. 14.
[6] Cet article ayant pour objet une œuvre précise, toute référence à ses pages sera indiquée au sein du texte. "Cineromanzo per tutti", n. 15, 1955.
[7] Ruth Ben-Ghiat, *Un cinéma d'après-guerre: le néoréalisme italien et la transition démocratique*, "Annales. Histoire, Sciences sociales", n. 6, 2008, p. 1230.
[8] Nous nous référons ici à l'ensemble des entretiens transcrits dans Volpi, *op. cit.* et De Sanctis, *op. cit.*
[9] Ginevra aurait pu trouver une place dans les portraits de Eleonora Rimolo, *La* femme fatale *nelle opere dannunziane*, in Maria Rosaria Pellizzari (a cura di), *Moda e mode. Tradizione e innovazione*, Milano, Franco Angeli, 2019, pp. 126-136.
[10] Luciano Curreri, Michel Delville, Giuseppe Palumbo, *Tutto quello che non avreste mai voluto leggere – o rileggere – sul fotoromanzo. Una passeggiata*, Bologna, Comma 22, 2021, pp. 36-37.
[11] Volpi, *op. cit.*, pp. 91-92.

Marguerite Duras et le roman-photo. Un projet de roman-photo à partir du *Ravissement de Lol V. Stein*

Alexandre Lansmans (ULiège)

Le point de départ de mon enquête, c'est une lecture d'été : *Romans, cinéma, théâtre, un parcours. 1943-1993*, paru en 1997 dans la collection « Quarto » chez Gallimard. Ce volume est richement illustré de documents photographiques et de fac-similés. Dans le cahier illustrant *Le Ravissement de Lol V. Stein* (1964) – un des romans les plus célèbres de Duras et sans doute l'un des plus fascinants – on trouve deux photographies et la légende suivante : « Pages précédentes et ci-contre : photographies de Loleh Bellon prises sous la direction de Marguerite Duras par Jean Mascolo pour un projet de roman-photo à partir du *Ravissement de Lol V. Stein.* » (p. 968).

Ce qui frappe dans ces photographies, c'est le fond laissé vide d'information autour du visage de l'actrice française Loleh Bellon, espace qu'on imagine très bien pouvoir accueillir une légende ou une bulle de dialogue. C'est aussi la « coïncidence » onomastique entre le modèle, *Loleh* Bellon, et le personnage de *Lol* V. Stein. En réalité, c'est ici l'art qui imite la vie puisque, comme l'explique Marguerite Duras interviewée par Pierre Dumayet le 15 avril 1964 : « Je voudrais beaucoup que ce soit Loleh Bellon qui joue le rôle de Lol V. Stein [...] » (2min00). Le choix du nom de « Lol » semble donc contenir une intention, une demande voire un programme ; à travers une sorte de prophétie auto-réalisatrice, le roman appelle d'emblée son adaptation dans un autre médium, mais lequel ?

L'édition « Quarto » mentionne « un projet de roman-photo à partir du *Ravissement de Lol V. Stein* » là où, dans l'interview de 1964, le choix de l'expression « jouer le rôle » semble plutôt situer l'adaptation à venir dans le champ du septième art, et ce

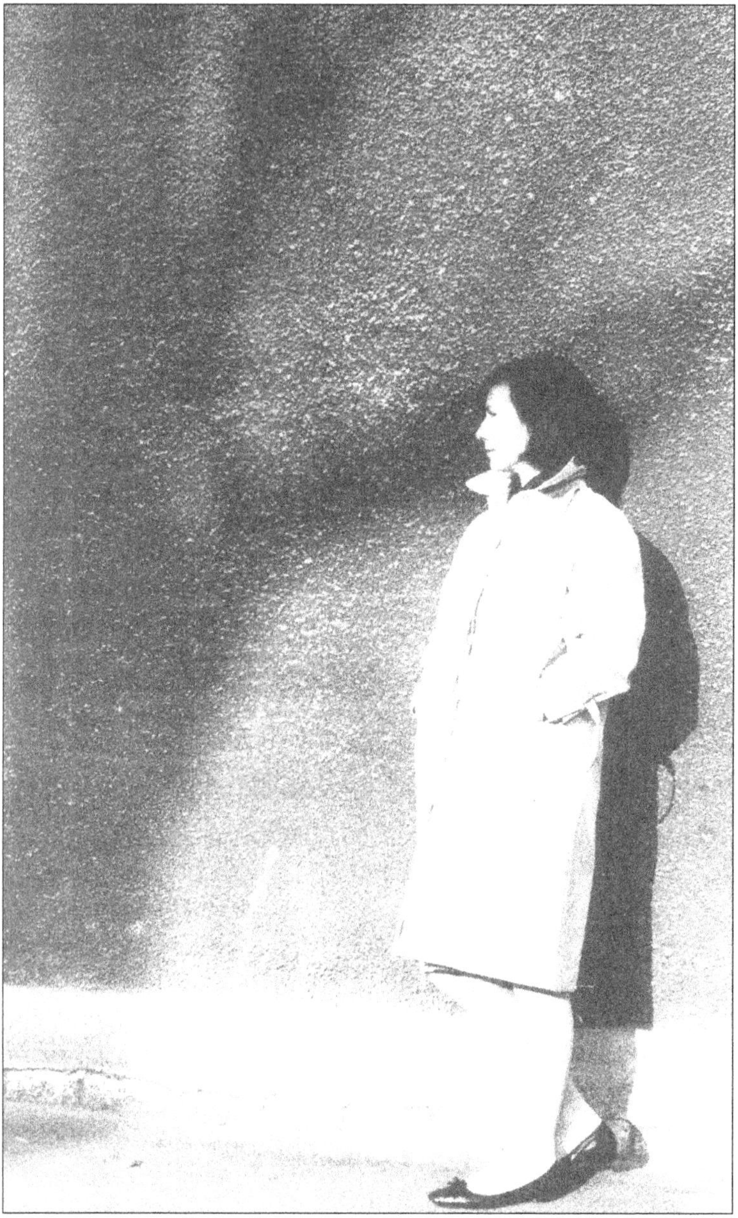

Photographie de Loleh Bellon reproduite avec l'aimable autorisation de Jean Mascolo.

bien qu'en 1964 Duras n'a encore aucune expérience en tant que réalisatrice (il faudra pour cela attendre 1967 et *La Musica*, d'après sa pièce de théâtre homonyme). C'est pourtant bien d'un document vidéographique que sont issues les deux photos illustrant l'édition « Quarto » : il s'agit en fait d'un film en noir et blanc de vingt-quatre minutes produit en 1968 par l'Office de radiodiffusion-télévision française (ORTF) pour l'émission « Chambre noire » de Michel Tournier sur une mise en scène de Marguerite Duras d'après *Le Ravissement de Lol V. Stein* et avec Loleh Bellon pour unique interprète. Voici la présentation que fait de cette émission le magazine *Télérama* du 2 mars 1968 :

> *Le ravissement de Lol V. Stein* de Marguerite Duras est l'un des romans de Marguerite Duras les plus beaux et les plus énigmatiques. [...] Avec l'aide de deux photographes, Jean Mascolo et Jeanik Ducot, Marguerite a entrepris de traduire en images ce destin particulièrement difficile à saisir. Les caméras de Chambre noire assistent à la métamorphose d'un texte difficile et subtil en roman-photos. Loleh Bellon incarne le personnage de Lol V. Stein[1].

Cette présentation suscite davantage d'interrogation qu'elle n'apporte véritablement de réponse. D'abord, la fonction attribuée à Jean Mascolo (fils unique de Marguerite Duras qu'elle employa comme photographe et assistant réalisateur dans la plupart de ses films à partir de 1966) et Jeanik Ducot semble hésiter, en l'absence d'autre précision, entre d'une part celle du photographe de plateau (dont le rôle n'est pas d'intervenir dans le tournage mais d'enregistrer des images pour d'autres supports médiatiques tels que l'affichage ou la promotion dans la presse) et d'autre part la fonction de directeur de la photographie (responsable sur le tournage de l'esthétique de l'éclairage). Ensuite, la façon de dire l'œuvre en cours de réalisation est symptomatique d'une hésitation voire d'un flottement générique : il s'agit de « traduire en images ce destin particulièrement difficile à saisir » ; il est question de « la métamorphose d'un texte difficile et subtil en roman-photo », la répétition de l'adjectif « difficile » semblant indiquer que cette adaptation relève de toute façon de la gageure et annoncer, par avance, l'inachèvement du projet. Autre signe de ce flottement générique, la notice de la cassette vidéo conservée à la BNF classe ce film dans le genre des « Entretiens ». Cette notice décrit brièvement le déroulement de l'émission : « Marguerite Duras est interviewée à son domicile au sujet de l'illustration photographique de son roman *Le ravissement de Lol V. Stein*... - Marguerite Duras lit un extrait de son roman[2]. ». Bien que sommaire, cette présentation permet d'imaginer une « évocation » télévisuelle très largement dépendante du roman, l'expression d'« illustration photographique » disant assez du reste l'écart qui sépare cette production du roman-photo projeté. Il semble bien, à ce stade, que la « métamorphose » n'ait pas eu lieu.

Je n'ai pas trouvé d'information permettant de cerner de façon satisfaisante les motifs de l'inachèvement de ce projet. Étant donné que l'émission fut diffusée à la télévision en mars 1968, on peut imaginer que l'actualité politique, celle des « évènements de mai », a eu tôt fait d'appeler l'attention de Duras vers d'autres objets. Pour autant, et même si Duras n'a jamais écrit un roman-photo sous cette étiquette, je voudrais essayer de montrer dans la suite de cet exposé qu'un « champ d'indices » (pour parler avec Carlo Ginzburg) invite à réévaluer la présence durable de l'intertexte photoromanesque dans l'œuvre durassienne.

Les *topoï* du roman-photo chez Duras

Pour Sylvie Loignon, c'est surtout du côté de la sentimentalité que se joue le jeu intertextuel de transformation et d'écart entre le roman durassien et le roman-photo :

> Il y aurait peut-être un rapport amoureux propre à l'intertexte. Si l'ironie flaubertienne dénonçait les lectures d'Emma qui lui "graissent" les mains, les textes durassiens font du sentiment lui-même une graisse, une boue dont il faut se débarrasser. Barthes rappelle en effet que l'obscène n'est plus le sexuel mais le sentimental – le meilleur exemple étant la revue *Nous Deux*. Or, il n'est pas tout à fait anodin que Marguerite Duras

> ait envisagé de faire un roman-photo à partir du *Ravissement*. [...] Ainsi, les textes durassiens jouent d'un intertexte évident avec la littérature populaire, de manière retorse : mettant en place un pathos propre à celle-ci (c'est définitivement "bête à pleurer"), ils ne cessent d'en montrer une sublimation possible[3].

Bien qu'une certaine « sentimentalité » soit certainement le point de comparaison le plus évident entre ces deux romans, la présence du roman-photo chez Duras se manifeste en réalité par la circulation d'une série d'éléments thématiques beaucoup plus variés, comme l'a justement pointé Pascal Durand qu'il convient ici de citer extensivement. Analysant le capital symbolique incomparable de Duras dans le champ littéraire français des années 1980 au point de vue de la sociologie de la littérature, Durand se demande quel est le « lieu » de Marguerite Duras. Pour Durand, ce « lieu » se situerait entre l'avant-garde et le secteur de grande production. », cette « [j]onction s'opérant d'autant mieux que la conforte la thématique durassienne », en effet :

> Celle-ci se nourrit latéralement d'un afflux symbolique issu d'une certaine littérature populaire, d'une esthétique vaguement kitsch, pétrie de clichés et s'articulant autour de topoï par ailleurs massivement véhiculés par cette littérature qui oscille entre la collection Harlequin et le roman-photo. Sans qu'on se risque à une analyse du traitement réservé par Duras à ces clichés [...], force nous est de constater que les lieux de l'œuvre durassienne renvoient curieusement aux topoï, entre autres, du roman-photo : la mer, l'hôtel de luxe, la maison constellée de lumières, la veranda, la terrasse et jusqu'à l'oisiveté, la dérive hors-socialité, voire, inversement, le thème (ailleurs mélodramatique) des amours illusoires entre la bourgeoise et le prolétaire (dans *Moderato Cantabile*). Il n'est pas jusqu'à l'immobilisme des scènes de Duras qui ne suggère, par analogie, l'hiératisme glacé du roman-photo (un homme et une femme, face à face, dans le bruit de la mer, s'échangeant de brèves paroles) et même cette redondance, ce ressassement si caractéristiques chez elle. Toute une recherche reste à faire dans ce sens[4].

Force est de constater à notre tour que, plus de trente-cinq ans plus tard, cette recherche « reste à faire ». Pour l'entreprendre, il faudrait approfondir et compléter la liste ci-dessus : par exemple, la remarque de Durand sur « l'hiératisme glacé du roman-photo » résonne avec les propos de Duras décrivant Lol V. Stein « comme un automate » (« Marguerite Duras à propos du *Ravissement de Lol V. Stein* », 15 avril 1964, interview par Pierre Dumayet, 1min30) ; de même la « redondance », le « ressassement », cette tendance à réécrire constamment la même histoire (qu'on retrouve aussi aujourd'hui chez Édouard Louis), s'est accentuée avec la publication en 1991 de *L'Amant de la Chine du Nord*, en réponse à l'adaptation cinématographique de *L'Amant* par Jean-Jacques Annaud. Il semble toutefois bien que, pour Durand comme pour Sylvie Loignon, la sentimentalité soit le noyau de cette intertextualité. Ainsi la remarque de Durand sur « le thème (ailleurs mélodramatique) des amours illusoires entre la bourgeoise et le prolétaire (dans *Moderato Cantabile*) » trouve un écho chez la journaliste française Laure Adler, biographe de Duras, qui affirme également à propos de *Moderato Cantabile* (1958, premier roman de Duras aux Éditions de Minuit) : « Ce roman se lit à la fois comme un roman-photo, un traité de style, un récit sentimental ».

Duras *photoromancière ?*

À côté de *Moderato Cantabile* et (surtout) du *Ravissement de Lol V. Stein*, il y a au moins deux livres qu'il faudrait ajouter au dossier de Marguerite Duras « photoromancière ».

Le premier, d'une attribution incertaine, est paru en 1941 aux Livres Nouveaux et fut retrouvé en 2006 par l'écrivain Dominique Noguez. Il s'intitule *Heures Chaudes* et est signé M. Donnadieu (Marguerite Donnadieu est le vrai nom de Duras). Encore une fois, c'est la sentimentalité qui suscite la comparaison avec le roman-photo dans un article de la *Revue des Deux Mondes* : « À gros traits, on résumera *Heures chaudes* en une nouvelle sentimentale dans le style des magazines *Confidences* (importé en 1938 des États-Unis), ou de *Nous deux* […], de cette presse du cœur à fort tirage qui donne des frissons de plaisir[5]. »

Le second, nettement moins anecdotique, n'est autre que *L'Amant*, prix Goncourt 1984, dont Magali Nachtergael rappelle la genèse photoromanesque :

> *L'Amant* [...] devait être à l'origine un album de photographies personnelles commentées par Duras, un point de départ connu dès la sortie du livre et signalé par Marianne Alphant, Denis Roche et l'auteur en personne lors d'un passage télévisuel à l'émission littéraire de Bernard Pivot en 1984. Pourtant, il est rarement fait mention de la genèse photographique de ce récit autobiographique illustré, un projet souhaité par son fils Jean Mascolo qui avait rassemblé des photographies de famille pour un éditeur d'art. À l'occasion d'une table ronde sur le thème de l'*Autobiographie et Avant-garde*, Alain Robbe-Grillet raconte plus précisément la genèse de ce projet et la décision éditoriale de Jérôme Lindon qui préféra conserver le texte seul au profit [au détriment ?] des photographies qu'il disait sans intérêt[6].

Nachtergael ajoute en note de bas de page : « Au début des années quatre-vingts, [...] Jérôme Lindon avait tenté de lancer, malheureusement sans grand succès, le "nouveau roman-photo" avec la collaboration de Robbe-Grillet et de Jacques Derrida. Cet échec l'avait certainement échaudé pour le projet de Duras. » Peut-on véritablement parler d'« échec » à propos de *Chausse-trappes* (1981) d'Edward Lachman et Elieba Levin, préfacé par Robbe-Grillet, et de *Fugues* (1983) de Benoît Peeters en collaboration avec Marie-Françoise Plissart ? Quoi qu'il en soit, cette fois encore, la « métamorphose » n'a pas eu lieu, et *L'Amant* demeure, selon l'expression de Sylvie Loignon, un album de photographies absentes[7].

Un roman-photo « dans l'air du temps »

En guise de conclusion, je voudrais repartir d'une dernière citation de Benoît Peeters qui constate : « Demeuré à l'abri de toute tentative de légitimation, le roman-photo opère dans le plus complet silence de la critique, la plus radicale absence de prétention artistique[8]. » Il ajoute en note de bas de page : « Même si Hubert Serra, prolifique réalisateur de *Femmes d'aujourd'hui*, rêvait d'un roman-photo réalisé par David Hamilton sur un scénario de Marguerite Duras ! (Propos cité par Serge Saint-Michel dans *Le roman-photo*, Larousse, 1979). » Au terme de cet exposé, il apparaît qu'un tel « rêve » n'était pas tout à fait un fantasme mais, comme le note Jan Baetens, que « [c]e type de croisement était dans l'air du temps[9] », un temps où il ne semblait pas forcément impossible qu'une représentante de l'avant-garde littéraire française, « placée à l'horizon de toute littérature[10] », écrive un jour un roman-photo, même si le fait qu'elle ne l'ait pas écrit, du moins sous cette forme, demeure une information sur la porosité toute relative des frontières symboliques.

Note additionnelle : Au cours des discussions de cette journée d'étude, Jan Baetens nous a signalé qu'il aborderait la question du rapport entre Duras et le roman-photo dans son article à paraître des *Cahiers Marguerite Duras* 2021. Jan Baetens nous a également signalé deux cinéromans adaptés de *Moderato Cantabile* et *Un barrage contre le Pacifique* ainsi que l'autobiographie d'Hubert Serra (*Voyage au cœur du roman-photo*, 2017) dans laquelle celui-ci rapporte ses échanges avec Duras sur le roman-photo et, en particulier, la motivation surtout financière qui l'attirait vers ce medium.

Bibliographie

Jan Baetens, *Pour le roman-photo*, Bruxelles, Les Impressions Nouvelles, 2010.

Olivier Cariguel, « Les masques de Duras », *Revue des Deux Mondes*, mars 2010, p. 169-171.

Pascal Durand, « Le Lieu de Marguerite Duras », in *Écrire dit-elle : imaginaires de Marguerite Duras*, Danielle Bajomée et Ralph Heyndels (éd.), Bruxelles, Éditions de l'Université de Bruxelles, 1985, p. 235-248.

Marguerite Duras, *Romans, cinéma, théâtre, un parcours. 1943-*1993, Paris, Gallimard, coll. « Quarto », 1997.

Sylvie Loignon, « La bêtise intertextuelle », in Alexandra Saemmer et Stéphane Patrice (dir.), *Les lectures de Marguerite Duras*, Lyon, Presses Universitaires Lyon, 2005, p. 61-70.

Sylvie Loignon, *L'Amant* (1984), Marguerite Duras, Paris, Hatier, coll. Profil d'une œuvre, 2006.

Magali Nachtergael, « Nouvelles figures de l'auteur : l'ère photographique (1970-2010) », *Revue des sciences humaines*, 2013, p. 29-42.

Benoît Peeters, « Le roman-photo, un impossible renouveau ? », in Jan Baetens et Ana Gonzalez, *Le roman-photo. Actes du colloque de Calaceite (21-28 août 1993)*, Amsterdam, Rodopi, 1996, p. 15-23.

Notes

[1] ANONYME, « Chambre noire », *Margueriteduras.org*. URL : https://www.margueriteduras.org/les-films-md-notices/chambre-noire/ Page consultée le 1er octobre 2021.

[2] Notice bibliographique de « Chambre noire », *catalogue.bnf.fr*. URL : https://catalogue.bnf.fr/ark:/12148/cb38490026q Page consultée le 1er octobre 2021.

[3] Sylvie LOIGNON, « La bêtise intertextuelle », in Alexandra Saemmer et Stéphane Patrice (dir.), *Les lectures de Marguerite Duras*, Presses Universitaires Lyon, 2005, p. 67.

[4] Pascal DURAND, « Le Lieu de Marguerite Duras », in *Écrire dit-elle : imaginaires de Marguerite Duras*, D. Bajomée et R. Heyndels (éd.), Bruxelles, Éditions de l'Université de Bruxelles, 1985, p. 246.

[5] Olivier CARIGUEL, « Les masques de Duras », *Revue des Deux Mondes*, mars 2010, p. 169.

[6] Magali NACHTERGAEL, « Nouvelles figures de l'auteur : l'ère photographique (1970-2010) », *Revue des sciences humaines*, 2013, p. 36.

[7] Sylvie LOIGNON, *L'Amant* (1984), Marguerite Duras, Paris, Hatier, coll. Profil d'une œuvre, 2006, p. 46.

[8] Benoît PEETERS, « Le roman-photo, un impossible renouveau ? », in Jan Baetens et Ana Gonzalez, *Le roman-photo. Actes du colloque de Calaceite (21-28 août 1993)*, Amsterdam, Rodopi, 1996, p. 15.

[9] Jan BAETENS, *Pour le roman-photo*, Les Impressions Nouvelles, 2010, p. 38 n. 21.

[10] DURAND, *op. cit.*, p. 236.

Foto di famiglia. Il fotoromanzo nei ricordi di tre, quattro ragazze di provincia

Alex Bardascino (ULiège)

Rapida premessa necessaria: l'argomento in questione, che si tratti del fotoromanzo in quanto genere o in quanto oggetto fisico, mi è stato sempre e tuttora mi è estraneo. Tuttavia, quando ho ricevuto la gentile proposta di collaborare presentando un contributo, mi son detto che poteva essere un'occasione, non tanto per approfondire un tema che a dire la verità non mi ha mai entusiasmato, quanto per cercare di rispondere a una domanda che implicitamente – non lo nego, anche per via di un certo pregiudizio – mi sono sempre posto sentendo parlare di fotoromanzo e di fotoromanzi: perché la gente li acquistava e li leggeva? Cosa c'era di così interessante a tal punto da trasformare un genere paraletterario in un autentico caso letterario? E perché questo genere si afferma in quel determinato periodo?

Cercando di scavare anche solo superficialmente su tutto ciò che ruota intorno al genere fotoromanzo, mi sono accorto che quel pregudizio menzionato poco fa era legato probabilmente a un discorso di lontananza generazionale da un fenomeno che nasce nel secondo dopoguerra e muore – o, secondo alcuni, si evolve nelle piattaforme comunicative dei social network – nei primi anni Zero, che quindi non ho vissuto in prima persona e di cui non ho memoria o conoscenze tali da portarmi a formulare un giudizio oggettivo.

È per questo motivo che ho scelto di andare alla ricerca di fonti dirette: fonti non letterarie, ben inteso, ma umane, più precisamente familiari, ascoltando i ricordi di alcune donne nate negli anni '50 che hanno vissuto l'*âge d'or* del fotoromanzo a ridosso di adolescenza e maturità, ovvero a metà degli anni '70 (periodo cruciale: basti pensare che nel 1976 si vendevano mensilmente oltre 8,5 milioni di copie al netto di una popolazione di 55,5 milioni; in media una copia ogni 6,5 persone). L'obiettivo è stato dunque individuare alcuni elementi di un preciso contesto socio-culturale, composto da giovani donne provenienti dall'entroterra calabrese, di estrazione sociale media o medio-bassa, cresciute nello stesso paesino di circa tremila persone all'epoca.

I tre soggetti intervistati sono Lucrezia, nata nell'agosto del 1953, Isabella, nata a gennaio del 1958, e Maria Beatrice, nata nel giugno dello stesso anno. Maria Beatrice e Lucrezia si passano 5 anni, sono sorelle e sono due mie zie, Isabella è loro cognata ed è mia madre. Le ho intervistate a fine novembre 2021 raggiungendole telefonicamente e ho chiesto loro di fornirmi ricordi, impressioni e riflessioni personali sull'universo a me sconosciuto del fotoromanzo, nella speranza di ricreare quel mondo nel quale vivevano e nel quale i fotoromanzi circolavano.

La domanda di partenza è stata la seguente: in che misura e in che modo circolavano i fotoromanzi? Le tre intervistate sono concordi nell'affermare che il boom avviene nei primi anni '70: Lucrezia ricorda bene quanto intorno ai suoi 16-17 anni i fotoromanzi circolassero massivamente, ricordo condiviso anche da Isa e Bice, che collocano questo fenomeno negli anni della scuola media, quindi intorno ai loro 12 anni. Ma il fattore più sorprendente è la modalità di circolazione: il dato di fatto è che erano soprattutto le ragazze delle famiglie più abbienti ad acquistare i fotoromanzi classici (*Grand Hotel* e *Bolero* su tutti, e in generale le pubblicazioni della Lancio). Lucrezia ricorda per esempio che coi suoi risparmi comprava tutt'al più «filo da ricamo o *Un disco per l'estate*», mentre Maria Beatrice preferiva di gran lunga i fumetti (*Intrepido*, *Il Monello* e *Diabolik*); Isabella, cresciuta in un contesto socio-familiare diverso, leggeva invece libri di avventura o romanzi, e in sostanza nutriva un certo disinteresse verso i fotoromanzi. Se dunque la circolazione non avveniva in contesto domestico, come è entrato il fotoromanzo a far parte del quotidiano di queste tre donne? In contesto scolastico, o nei luoghi pubblici, si potrebbe pensare. E invece no: tutte e tre individuano l'incredibile centro di divulgazione del fotoromanzo nelle varie sartorie del paese.

È necessario qui aprire una piccola parentesi. Il paese di provenienza delle tre intervistate – Cortale, un piccolo centro rurale in provincia di Catanzaro – è rinomato per la sericoltura, ovvero la produzione della seta a partire dai bachi. Ancora oggi, come oltre cent'anni fa, esiste la cosiddetta *maistra*, un'esperta tessitrice dalla quale si recano altre donne diversi giorni a settimana per imparare le tecniche di tessitura e di ricamo, non solo della seta. Nel periodo che ci interessa, a ridosso tra anni '60 e '70, dalla *maistra* si radunavano ogni pomeriggio decine di ragazze di varia estrazione sociale per apprendere un mestiere, nel caso in cui il rendimento scolastico non fosse stato sufficiente per permettere loro il prosieguo degli studi. Era qui, tra una sferruzzata e un rattoppo, tra un pizzo e un orlo ai pantaloni, che le ragazze nate negli anni '50 sognavano di essere sedotte da Franco Gasparri o da Franco Dani, si immedesimavano in Michela Roc, Claudia Rivelli o sua sorella Francesca, nota poi al grande pubblico come Ornella Muti. Era sempre qui che le ragazze che acquistavano i fotoromanzi li prestavano alle loro coetanee, rendendo di fatto il fenomeno ancor più di massa rispetto alle già significative cifre relative alle vendite menzionate in precedenza.

Ma oltre al reale numero di lettori e lettrici, è l'immaginario che ruota intorno al fotoromanzo che scatena la curiosità delle adolescenti del tempo. Lucrezia si esprime molto chiaramente in questo senso: «Non c'erano immagini scandalose o scabrose come la pornografia di adesso. Si baciavano, si abbracciavano, si coricavano: poi tu facevi i sogni tuoi, però non c'era niente di che. Stimolava la fantasia». Una fantasia erotica, finanche sentimentale (con tanto di cuoricini e frasette romantiche appuntate a bordo pagina), che negli ambienti paesani era un vero tabù, in particolare tra le giovani donne. Anche Isabella e Maria Beatrice ricordano bene quanto i fotoromanzi circolassero sottobanco, quasi al pari di giornaletti pornografici. Sono invece

Lucrezia e Maria Beatrice che accennano a un altro aspetto particolare, strapaesano, che sottintende una certa transgenerazionalità del fenomeno: non erano soltanto le adolescenti a leggere di nascosto i fotoromanzi, ma anche donne adulte, sposate, probabilmente insoddisfatte dalle loro relazioni, che individuavano nelle vicende "proibite" parte di quell'idillio assente nella loro quotidianità.

Due elementi importanti sui quali si sofferma soltanto Maria Beatrice – ma che trovano riscontro in allusioni di Isabella e Lucrezia – meritano di essere evidenziati in questo tentativo di capire il fenomeno fotoromanzo nella periferia dell'Europa. Il primo elemento è sempre relativo all'immaginazione, a quel tempo e in quel luogo stimolata ancora principalmente dalla lettura: le radio iniziavano a diffondersi, ma i televisori erano appannaggio di pochissime famiglie. La televisione italiana nella prima metà degli anni '70 proponeva film western, serie tv americane (*Lassie*, *La famiglia Addams*, *Furia*, *Zorro*), sceneggiati (*Pinocchio* di Comencini, *Sandokan* di Sollima) e il varietà di Gianni Boncompagni e Raffaella Carrà. Questo universo oramai a colori non entrava ancora nelle case di tutti gli italiani, tanto meno nel Sud Italia. Il fotoromanzo diventava così un valido sostituto di cinema e tv: certo, più statico e meno immediato, ma al contempo di gran lunga più economico. Il secondo elemento a cui accenna Maria Beatrice è l'attribuzione di un merito: tendenzialmente critica sul fotoromanzo, sui suoi schemi ripetitivi, prevedibili e sul suo linguaggio troppo scarno, gli riconosce tuttavia il merito di aver contribuito, insieme a libri e fumetti, alla diffusione della lingua italiana in un contesto locale in cui il dialetto era pervasivo. Il lessico dei sentimenti si arricchisce quindi di nuove parole e di nuove espressioni utili per comunicare all'occorrenza in un contesto diverso da quello paesano.

E questo contesto paesano le tre intervistate lo lasceranno di lì a breve. Terminata la scuola media, Isabella e Maria Beatrice si iscrivono alle scuole superiori a Lamezia Terme nel 1972: certo, parliamo di una cittadina di 70mila abitanti, non certo di una grande città, eppure l'incontro con ragazze e ragazzi provenienti da contesti diversi e la scoperta di un certo fermento studentesco tipico di quegli anni allontanano culturalmente le due ragazze dal mondo contadino e conservatore. Maria Beatrice in particolare ricorda quanto per lei l'inizio delle scuole superiori sia stato «un momento bellissimo: c'erano manifestazioni ogni giorno e io partecipavo ai cortei, gridavamo e quindi ci sentivamo liberate».

Si crea così uno scarto tra chi esce e chi resta. Lucrezia per esempio rimarrà in paese fino ai suoi 23 anni, ovvero fino al 1976, anno in cui inizierà a seguire un corso per infermiera. Se prima di questa data i suoi interessi principali erano stati il ricamo e le vicende di *Bolero* e *Grand Hotel*, questa partenza determinerà un'inversione di rotta totale rispetto agli anni precedenti. Lucrezia ricorda infatti che verso la fine degli anni '70 «man mano sono spariti [i fotoromanzi], non li trovavi nelle edicole. Poi ho cambiato di botto. Sai cosa leggevo quando arrivavo a Catanzaro Lido? *Cosmopolitan*. Come mi piacevano quelle riviste!». Non occorre riportarre il resto della conversazione, ma l'ironia sul passaggio dal "piccolo mondo antico" del paese alla lettura di una rivista il cui titolo richiama al mondo intero parla da sé. Dietro questa innocente testimonianza ad ogni modo si cela un fenomeno altrettanto interessante da analizzare: sulla scia dell'innovazione tecnologica in campo fotografico ed editoriale, dalla quale anche il fotoromanzo ha ampiamente attinto, alla fine degli anni '70 esplodono letteralmente le riviste di moda. Armani, Versace, Ferrè e Valentino sono gli artefici di una rivoluzione il cui epicentro è indubbiamente Milano, da quel momento capitale internazionale della moda. Riviste quali *Cosmopolitan*, *Vanity Fair*, *Moda* e *Donna* contribuiscono a diffondere una certa idea di stile e contemporaneamente – almeno nel caso di Lucrezia – si presentano come una valida alternativa a un fotoromanzo che ha raggiunto l'apice e che da allora inizierà a mostrare una costante inflessione nelle vendite. È lecito pensare dunque che i modelli di stile, prima dell'arrivo delle riviste di moda, fossero quelli dei fotoromanzi:

idea confermata dalla solita Lucrezia, che riferisce quanto le donne a suo dire «più smaliziate» andassero addirittura dalla *maistra* e dalle sue discepole per farsi replicare i vestiti di taluna o talaltra protagonista di *Grand Hotel*.

Un ultimo aspetto che merita un certo riguardo è il sostanziale disinteresse dimostrato da Maria Beatrice e da Isabella per l'universo del fotoromanzo. La domanda è stata diretta: perché? Oltre al tabù, fenomeno diffuso in seno a una comunità, circolava un certo pregiudizio individuale sul fotoromanzo? Maria Beatrice afferma schiettamente e con malcelata ironia che all'epoca si sentiva «poco poco più evoluta» della sorella, mentre per Isabella la motivazione è radicalmente diversa. Isabella individua infatti nella sua storia personale le ragioni di tale disinteresse: adottata giovanissima da una famiglia benestante, i suoi genitori erano settantenni nel periodo in cui attraversava l'adolescenza, per cui la sua preoccupazione principale era quella di assistere i genitori. Oltre alla mancanza materiale di tempo, i momenti di lettura erano inoltre vincolati dai gusti letterari di suo padre, che possedeva una piccola biblioteca – cosa rara in un paese prevalentemente contadino. Isabella ricorda: «Leggevo qualche libro, qualche romanzo, perché mio papà giustamente diceva che era più interessante: e quindi sono stata educata così. Ho letto *Le due orfanelle*, *Le avventure di Tom Sawyer* e altri». D'accordo, si tratta di una situazione familiare particolare e abbastanza unica che potrebbe non far testo; tuttavia è importante considerare anche il diverso contesto culturale in cui cresce Isabella, "vecchio stampo" e medio-borghese, in cui si predilige la lettura di romanzi per ragazzi – peraltro piuttosto impegnativi – alla leggerezza del fotoromanzo, considerato quasi una frivolezza contemporanea.

In conclusione, possiamo tracciare due linee di demarcazione: una sostanzialmente generazionale e un'altra più socio-culturale. Il primo dato da sottolineare riguarda la totale divergenza di interessi tra le generazioni nate nella prima e nella seconda metà degli anni del boom economico. La "liberazione" alla quale accenna Maria Beatrice in riferimento ai primi anni delle scuole superiori rappresenta una tappa fondamentale nel suo percorso di emancipazione, cosa che invece non interessa né sua sorella maggiore, né il contesto-paese. Una liberazione che la rende anche cosciente di quanto il fotoromanzo rappresenti un modello obsoleto di comunicazione, limitato e limitante tanto nella forma quanto nel contenuto. Forse è azzardato, ma non credo sia assurdo poter formulare un'ipotesi sulla diversa percezione di alcuni fenomeni – letterari, televisivi o musicali che siano – tra chi ha vissuto attivamente negli anni della contestazione e chi no – approfondimento che meriterebbe ben altre tempistiche e ben più di tre voci. La seconda linea di demarcazione, quella socio-culturale, è del tutto evidente e le interviste confermano a più riprese l'altra divergenza di interessi, quella tra i più e i meno agiati. Alla mia domanda su chi leggesse i fotoromanzi, Lucrezia risponde convintamente «il popolo». E anche qui sarebbe stato interessante approfondire la connotazione di questo sostantivo, le diverse accezioni che acquisisce nel tempo, soprattutto per capire chi fossero quegli 8,5 milioni di italiani e di italiane che nel 1976 assicurano il più clamoroso exploit nella storia delle vendite del fotoromanzo.

E infine, sarebbe anche stato interessante intervistare Nunzia, sorella maggiore di Maria Beatrice e di Lucrezia, nata nel 1950 e a quanto pare grandissima appassionata di fotoromanzi. Avrei facilmente potuto raggiungerla per telefono anche se vive in Australia da oltre 50 anni, ma purtroppo soffre di una malattia neurodegenerativa che causa una graduale e inevitabile perdita della memoria. Memoria che invece è stata preziosamente fatta rivivere dalle tre donne che hanno contribuito molto volentieri a questo esperimento; quasi per gioco, con la stessa leggerezza e la stessa voglia di disquisire che nel tempo è sempre rimasta intatta.

Un incidente di percorso?
Nino D'Angelo in *Fotoromanzo* (1986)

Daniele Laino

Prima di condurre il lettore nel vivo della questione cui si accenna nel titolo, cercando di soddisfarne la curiosità, è bene fare una piccola premessa. Quando ho intrapreso la raccolta di informazioni e materiale sul soggetto in esame, il punto di partenza è stata una *tabula* quasi totalmente *rasa*. Avevo certamente sentito parlare del fotoromanzo, però non ne avevo mai letto uno. Questo non per negligenza verso i generi paraletterari, tutt'altro, ma semplicemente perché mi reputo probabilmente troppo giovane, essendo nato all'inizio degli anni '90, per aver vissuto il periodo di massimo splendore del fotoromanzo, ascrivibile ad almeno un paio di decenni prima.

Tutto questo per avvertire il gentile lettore che chi scrive si è sentito sin da subito poco adatto per parlare di fotoromanzi, fosse anche brevemente; ho scelto quindi di trattare di una piccola curiosità che spero sarà per molti un'interessante sorpresa, e che ho definito "un incidente di percorso" nel mondo del fotoromanzo, presentando ciò in un breve testo che non ha la pretesa di avanzare un'analisi critica assoluta, probabilmente fuori luogo con quello che è stato lo spirito genuinamente curioso e spensierato con cui mi sono avvicinato a questa tematica.

Leggeremo infatti di un film in cui recita il noto interprete della canzone napoletana, Nino D'Angelo; una personalità che qualsiasi partenopeo, come me, amante o meno del genere musicale, conosce abbastanza bene. Impossibile infatti aver vissuto nel capoluogo campano senza essersi imbattuti, magari in maniera inconsapevole, nelle note di qualche sua canzone, proveniente da una finestra spalancata, un portone semichiuso, o il vecchio stereo di un ormai rarissimo venditore ambulante di granite al limone.

Come è chiaro sin da subito, non si parlerà di un fotoromanzo vero e proprio, ma dunque di un film, che come "*Fotoromanzo*" mostra solo il titolo, uscito nel 1986, distribuito da Titanus e diretto da Mariano Laurenti, già regista di alcune pellicole di genere come *Quel gran pezzo dell'Ubalda..., La bella Antonia..., L'infermiera di notte* e varie altre, più o meno sulla stessa lunghezza d'onda.

Ma veniamo al nostro film. Secondo il *Dizionario del cinema italiano (1980-89)* di Roberto Poppi, questa commedia musicale rappresenta uno dei massimi successi cinematografici di Nino D'Angelo[1], interpretazione in parte avvalorata dando una sbirciata al volume 42 del settimanale *Oggi* del 1986, che lo colloca al nono posto della classifica delle uscite al cinema; un piazzamento di tutto rispetto, considerate le premesse e le circostanze[2].

La trama al principio non tende a sorprendere il pubblico: il film si apre chiaramente a Napoli, sulle note della canzone omonima *Fotoromanzo*, colonna sonora di apertura della pellicola, scritta e interpretata da D'Angelo e inserita nell'album *Cantautore* dello stesso anno.

Nino Esposito (Nino D'Angelo), il protagonista, è un giovane che lavora come aiuto portinaio presso sua madre. È un bravo ragazzo, sveglio e spigliato, appassionato di musica e poesia, e nel tempo libero canta e suona in una band amatoriale di musica pop; prova una (non tanto) segreta attrazione per Anna (Maria Chiara Sasso), figlia di un inquilino, la quale lo aiuta negli arrangiamenti dei suoi brani, dal momento che studia al conservatorio. Ma Anna è corteggiata assiduamente da Franco, manager e promotore della band, per cui Nino prova ovviamente grande antipatia, ricambiata dallo stesso. Subodorando infatti l'interesse di Nino per Anna, una sera Franco riesce a cacciarlo dalla band con un pretesto.

Nino sa che lasciare il gruppo significa rinunciare a gran parte del tempo trascorso insieme alla ragazza, ma è troppo orgoglioso per fare buon viso a cattivo gioco con il manager. Ma non è detta l'ultima parola: quando infatti sembra ormai essere stato definitivamente allontanato da Anna, Nino la ritrova un giorno tra le lacrime, dopo una discussione accesa con Franco, geloso e possessivo; è in questa occasione che la ragazza rivela finalmente il suo amore, corrisposto certamente, per Nino.

Inizia così una relazione fra i due, e la sceneggiatura non lesina su sequenze che mostrano l'idillio della storia d'amore, ma la loro felicità è messa presto a dura prova: il padre di Anna, infatti, capitano dei Carabinieri, dopo aver ricevuto una promozione a maggiore richiede e ottiene il trasferimento a Milano per tutta la famiglia, con grande dispiacere dei due giovani, che devono accettare impotenti l'ineluttabilità del caso.

Dopo la partenza di Anna, Nino non si perde d'animo e matura presto la decisione di raggiungerla, affittando una stanza in un residence a Milano. Ma il cambiamento non è facile da gestire, e il ragazzo si sente spaesato in un ambiente così diverso, dove non mancano le insidie. Trova però un amico nel suo attempato coinquilino, come lui appassionato di poesia, che gli regala una macchina da scrivere *Remington*. Grazie a questo dono inatteso, Nino riesce a trovare la concentrazione per comporre di nuovo, ma pur lavorando sodo, Nino decide infine di rifiutare una proposta per la pubblicazione di alcuni suoi versi da parte di una casa editrice, pur di non sottomettersi a una clausola contrattuale che gli avrebbe negato la paternità dei suoi scritti, in cui crede molto. Per questo motivo, si ritrova a navigare in cattive acque e a chiedere aiuto ad alcuni amici milanesi di Anna, ricevendo qualche sostegno tutt'altro che disinteressato. La situazione però precipita quando Nino e Anna, seppur in atteggiamento innocente, sono sorpresi in casa da soli dai genitori di lei, che reagiscono molto severamente, allontanando il ragazzo definitivamente.

Intanto, come se tutto ciò non bastasse, Nino riceve una corte sfrontata da parte di Sissi (Cinzia De Ponti[3]), un'amica di Anna, speranzosa in una rottura definitiva tra i due e disposta a giocarsi le sue carte da seduttrice; in una delle sue frequenti visite a Nino, per indurlo a lasciare l'"amica", le sue *avances* si fanno sempre più dirette, a tal punto da indurre quest'ultima a equivocare, vedendoli insieme, e a lasciare il suo amato in un impeto di collera.

Sentendosi abbandonato da tutti, Nino torna mestamente al suo residence, dove ascolta per caso al TG la notizia di un brutto incidente automobilistico in cui proprio Anna è ferita gravemente, diffondendo l'annuncio della ricerca, fino a quel momento infruttuosa, del gruppo sanguigno A negativo per una trasfusione, che salverebbe la ragazza. Per puro caso, o forse per un amabile segno di Cupido, si tratta dello stesso gruppo sanguigno di Nino, che si reca immediatamente in ospedale. Grazie a questo gesto altruista e appassionato, ogni cosa sembra ritrovare finalmente la propria armonia, e Nino si rivede finalmente nelle grazie di Anna e della sua famiglia. Nelle sequenze conclusive, il ragazzo viene anche scelto per la finalissima di un concorso di musica leggera, in cui è proclamato vincitore nientemeno che dal suo antico rivale, Franco. Dopo questo successo, la carriera di Nino sembra in discesa, e il film si chiude con il consueto bacio tra i due giovani innamorati.

Come si vede, la trama di questa pellicola è molto semplice e lineare: c'è il lieto fine, l'intreccio amoroso, ci sono le peripezie. Perché dunque la scelta di un titolo del genere? Qual è il richiamo con il mondo del fotoromanzo? In effetti, il film non svela mai quest'associazione con evidenza, ma bisognerà cogliere qualche battuta gettata quasi per caso per individuare il riferimento che ne cagiona il titolo. A un certo punto della storia, infatti, Anna mostra a Nino un fotoromanzo che sta leggendo, affermando che al suo interno è presentata una storia d'amore con caratteristiche simili alla loro, cioè destinata a un'improvvisa e inesorabile lontananza. Nino, però, rifiuta tale paragone, suggerendo che in realtà la loro storia sarebbe stata ancora tutta da raccontare, al contrario di quella delle pagine del fotoromanzo, dove tutto è già stabilito. Di lì a pochi giorni, infatti, Nino avrebbe maturato la decisione di raggiungere la ragazza a Milano, ritagliandosi nuove possibilità.

Una seconda menzione proviene da Sissi, l'amante rifiutata, quando, constatando amaramente il forte sentimento che lega Anna e Nino, li canzona ironicamente chiedendo: "Ehi ragazzi, ma da quale fotoromanzo uscite?"[4].

Questo paio di richiami sparsi nella trama, ma pur sempre

presenti, potrebbero essere in ultima analisi il segno del riconoscimento della fama del fotoromanzo all'epoca, inducendo un film, che di fatto un fotoromanzo non è, a identificarsi con esso, cercando di suscitare una relazione di complicità con lo spettatore medio, probabile lettore di fotoromanzi e dunque anche probabile futuro componente del pubblico pagante al botteghino.

Questo legame resta, tuttavia, un *incidente di percorso*, in quanto si tratta, con ogni probabilità, di un'associazione impropria, rifiutata più volte dal personaggio-Nino all'interno della pellicola stessa; una strizzata d'occhio da parte degli autori all'indirizzo del pubblico, che vuole però sia creare un legame, sia nel contempo reciderlo, distaccarsene, lasciando il compito di effettuare questa scissione al protagonista, smontando sistematicamente ogni qual volta questo legame viene suggerito.

È vero anche che la trama non sfigurerebbe inoltre come sceneggiatura per un fotoromanzo vero e proprio. Va detto, però, che in questo caso sembra che la trama sia influenzata piuttosto da quelli che sono gli intrecci tipici della sceneggiata napoletana, cui sicuramente Nino D'Angelo s'ispira maggiormente, per esperienza personale e affinità artistica. Questo genere, nato nel primo dopoguerra, univa la rappresentazione teatrale alla melodia di canzoni all'epoca molto in voga. Inizialmente riscosse grande successo, tant'è vero che si cimentarono nella sceneggiata anche autori abbastanza famosi della scena napoletana, come Libero Bovio, poi conobbe un periodo di minore fama, fino a ritrovare un temporaneo momento di rinnovato vigore lungo l'arco degli anni '70 e in parte negli anni '80, sbarcando anche nel mondo della cinematografia.

Le tematiche principali di questo genere sono il tradimento, l'onore, la lotta contro i disonesti e ovviamente l'amore, che si sviluppano intorno a una triade identificabile come *lui*, *lei* e *il cattivo* (in napoletano: *isso, essa e 'o malamente*)[5], cioè i due innamorati e il malvagio che ne ostacola la felicità. Risultano rilevanti inoltre alcune parti di contorno, come la figura materna, quella dei figli, o spesso e volentieri quella del comico, cioè la vena buffa, che possiamo osservare, con risultati schiettamente discutibili, anche nel nostro film. Questo perché si è scelto di inframmezzare la pellicola con alcune gag comiche che ruotano intorno alla figura del caratterista Lucio Montanaro, che ha lavorato con Alvaro Vitali, Lino Banfi e Renzo Montagnani. Spalleggiato in *Fotoromanzo* da Nino D'Angelo, Montanaro dà vita a queste scenette, che spesso sembrano delle vere forzature, dovute alla volontà di inserire ad ogni costo qualche sequenza goliardica e ridanciana; sequenza che ha poco o nulla a che vedere con la narrazione e il tono generale del film.

In ultimo, qualche indicazione per il lettore: per gli interessati, sia la canzone, che il film intero (ricordando ovviamente la forte presenza del dialetto napoletano), sono facilmente reperibili sulle piattaforme di streaming più comuni, come *YouTube* o *Dailymotion*, e in generale questo film è largamente disponibile in rete nonostante la sua non eccelsa qualità artistica (segno forse del raggiungimento dello status di *cult*?). La ragione di quest'ultima affermazione risiede non tanto, a parer di chi scrive, nella caratura recitativa, che è presentabile, così come per la regia, più che discreta, ma semplicemente perché in fin dei conti il film non lascia molte sensazioni nello spettatore, e una certa "piattezza", derivante dalla ripetitività di alcune scene, è sempre in agguato, mettendo a dura prova la concentrazione e il desiderio di proseguire. I personaggi, infine, non mostrano grande spessore, e in effetti sembrano quasi relegati a una sorta di "bidimensionalità", come a non riuscire a distaccarsi dalle "pagine" in cui sembrano incorniciati. In tal senso, è forse questa l'associazione più calzante col fotoromanzo che potessimo scorgere. Se anche questo fosse riscontrabile nelle intenzioni degli autori, al momento non è dato saperlo.

Notes

[1] Cfr. Roberto Poppi, *Dizionario del cinema italiano. I film. Dal 1980 al 1989. A-L (Vol. 5/1)*, Roma, Gremese Editore, 2000, p. 265.
[2] Cfr. *Oggi: settimanale di politica, attualità e cultura*, Volume XLII, 1986.
[3] L'attrice Cinzia De Ponti era stata anche interprete di alcuni fotoromanzi della casa editrice Lancio per tutto l'arco degli anni '80.
[4] *Fotoromanzo* (1986), di Mariano Laurenti, minuto 73'18".
[5] Cfr. Roberto Furno, *Il teatro e la città. I vicoli e i palcoscenici di Napoli nel Novecento*, Latina, Ali Ribelli Edizioni, 2021, p. 38.

Le roman-photo contre lui-même

Michel Delville (ULiège/Traverses/CIPA)

Le roman-photo a souvent été décrié, tantôt en raison de sa forme bricolée et la pauvreté de son iconographie et de ses intrigues, tantôt en raison de ses contenus stéréotypés, mièvres et sentimentaux. Voici ce que dit Roland Barthes de ce genre qui, comme la bande dessinée « combine [...] le photogramme (ou du moins le dessin) et l'histoire, la diégèse » : « Je suis persuadé que ces arts, nés des bas-fonds de la grande culture possèdent une qualification théorique et mettent en scène un nouveau signifiant (apparenté au sens obtus[1]) : c'est désormais reconnu pour la bande dessinée ; mais j'éprouve pour ma part ce léger trauma de la signifiance devant certains photos-romans : leur bêtise me touche (telle pourrait être une certaine définition du sens obtus); il y aurait donc une vérité d'avenir (ou d'un très ancien passé) dans ces formes dérisoires, vulgaires, sottes, dialogiques, de la sous-culture de consommation »[2]. Ainsi, tout en soulignant ce qu'il perçoit comme l'indigence verbale et visuelle du roman-photo, Barthes reconnaît être interpellé par l'émergence possible d'une nouvelle forme de signifiance qui naitrait au sein d'un genre que d'aucuns considèrent comme dérisoire et définitivement lié à un domaine culturel de bas étage, celui des récits à l'eau de rose et de la presse *people*, quand il n'est pas associé à l'érotisme, à la littérature de l'horreur ou à la pornographie.

Quoi qu'il en soit, le roman-photo constitue un des rares genres artistiques nouveaux ayant fait leur apparition après la Seconde Guerre mondiale, au même titre, pourrait-on dire, que la poésie concrète, le graffiti ou encore l'art vidéo. Le statut génériquement singulier du roman-photo suffirait en soi à en faire un objet d'étude intéressant, non seulement en raison de sa nouveauté technique et méthodologique, mais aussi dans la mesure où il s'inscrit dans une histoire de la narration verbi-visuelle qui privilégie ce que Will Eisner a défini comme un « art séquentiel », c'est à dire une technique qui « allie mots et images dans le but de raconter une histoire ou de dramatiser une idée »[3]. La définition de Eisner a pour objet la bande dessinée, avec laquelle la roman-photo partage bon nombre de caractéristiques et de contraintes formelles, en commençant par l'idée que des images fixes peuvent être enchaînées de manière à faire émerger une structure discursive soutenue par des mots et des phrases enchâssées dans des bulles ou des phylactères.

Né peu après la deuxième guerre mondiale, issu du succès fulgurant du *cineromanzo* italien, le roman-photo est désormais doté de potentialités esthétiques propres et d'une histoire riche et diversifiée qui lui confère un statut autonome en tant que genre (para-)littéraire. A cet égard, il est urgent de réévaluer le roman-photo, non seulement en raison de ses spécificités techniques et méthodologiques, mais aussi dans la mesure où son histoire singulière et mouvementée brouille les frontières institutionnelles et les hiérarchies culturelles séparant l'art populaire de l'art savant, le kitsch et le sériel de l'esthétique, l'amateurisme du professionnalisme. Des premiers balbutiements du genre dans la revue *Il mio sogno* (1947) aux expérimentations avant-gardistes de Duane Michals et Marie-France Plissart – en passant par les innombrables adaptations de classiques littéraires et les détournements situationnistes, qui, contre toute attente, firent de cette forme en apparence archi-conformiste un instrument de révolte et d'insurrection – le roman-photo continue à surprendre et à fasciner de nouvelles générations de lecteurs et d'exégètes, nous interrogeant sur notre rapport au texte et à l'image, soulignant l'iconicité du premier et mettant en exergue la scripturalité de la seconde, compliquant notre relation au temps et au sens par l'art de l'enchainement, de l'ellipse, de la juxtaposition et des ruptures icono-textuelles qui constituent désormais son langage propre, ainsi que sa propre manière poétique et politique.

Depuis les travaux fondateurs de Jean-Claude Chirollet et

de Jan Baetens, le roman-photo a atteint le statut d'objet d'étude académique, un objet qui occuperait, selon certains, « au sein de la culture iconique populaire une force inexpugnable, car il est ressenti comme une sorte de résurrection du corps, et, surtout, de la valeur psychologique positive du visage et du regard humains »[4], quand il n'est pas décrit comme « une des formes possibles » d'une « nouvelle esthétique, ouvertes aux plaisirs de la narration mais non oublieuse des grandes leçons de la modernité, jouant avec l'univers et le code des genres mineurs mais non dans un esprit de diminution des formes majeures, friande d'images mais non au point de faire primer le visuel sur l'écriture »[5].

Le roman-photo aurait-il donc le pouvoir de séduire et de convaincre les intellectuels autant que les ménagères qui rêvaient à la lecture des récits fleur bleue des premiers numéros de *Nous deux* ? Jan Baetens en est convaincu quand il déclare que « de tous les genres littéraires, le roman-photo est à la fois le plus méprisé et le moins connu », se donnant le but de « révéler toute la richesse de ce genre hybride, dont l'importance est capitale à une époque où se rapprochent littérature et photographie »[6]. Ainsi, par sa transversalité et sa capacité à dépasser les clivages et dichotomies séparant culture basse et culture haute, le roman-photo apparaît comme un objet susceptible d'intéresser les historiens de la littérature autant que les spécialistes de la culture populaire, dont les destinées sont souvent situées à l'intersection du visuel et du textuel. Et pourtant, contrairement à d'autres avatars de la culture populaire, le genre est relativement peu étudié et enseigné, en ce y compris au sein même des études culturelles, intermédiales et interdisciplinaires. Il est permis de penser que ce manque d'intérêt est dû, au moins en partie, à son statut particulier dans la production iconique contemporaine, le roman-photo n'appartenant ni à la culture bédéistique, ni à celle du cinéma, qui lui a pourtant permis de naître au milieu des décombres des années de guerre.

En dépit de son caractère réputé conformiste, stéréotypé et conservateur, le roman-photo peut-il aspirer à une sorte de reconnaissance en tant qu'objet esthétique à part entière? Par ailleurs, que peut-on dire de la position occupée par le roman-photo dit « artistique » ou « d'auteur », auquel Baetens et Chirollet consacrent une attention toute particulière ? Est-ce qu'il s'agit d'un contresens ou d'un simple accident de l'histoire culturelle du genre ? C'est le plus souvent une méconnaissance des possibilités artistiques du roman-photo qui lui donne cette mauvaise réputation qui lui colle à la peau, même quand il s'agit, comme ce fut le cas récemment au MUCEM de Marseille (2017) et au Musée de la Photographie de Charleroi (2019), de lui consacrer, enfin, une exposition d'envergure. En effet, la production importante et envahissante des romans-photos populaires sentimentaux ne doit pas occulter l'existence de courants plus radicaux au sein desquels les procédés techniques et narratifs du genre sont exploités à d'autres fins que celle que Edgar Morin a défini comme étant la finalité ultime de ce que l'on pourrait appeler la littérature d'ameublement : à savoir rendre la vie plus confortable et plus heureuse par le biais d'un *happy end* inconditionnel et généralisé, celui qui permet au lecteur de consommer du bonheur en textes et en images, au prix d'un « rétrécissement » de « l'univers de la tragédie au sein de l'imaginaire contemporain », rompant au passage, au même titre que le cinéma hollywoodien, avec « une tradition millénaire, issue de la tragédie grecque, qui se poursuit avec le théâtre espagnol du Siècle d'or, le drame élizabéthain (Shakespeare), la tragédie classique française, le roman de Balzac, Stendhal, Zola, le mélodrame, le roman naturaliste et le roman populaire d'Eugène Sue, le cinéma mélodramatique enfin de l'époque muette »[7].

Pour comprendre le virage esthético-politique amorcé par le genre, il faut remonter aux années soixante, époque où les Situationnistes décident d'alimenter leur critique de « la société du spectacle » par le biais de détournements politico-parodiques. Il est à noter que cette tendance « appropriationniste » du roman-photo – reprise récemment par Jan Baetens bien que, nous le verrons, de manière radicalement différente – est solidement ancrée dans l'histoire des idées et de l'art du vingtième siècle, ce qui prouve, si besoin est, que mêmes les formes les plus conventionnelles et les plus commercialement consensuelles sont toujours déjà susceptibles d'être digérées et transformées par la culture savante. Le roman-photo constitue un cas d'espèce des plus intéressants et des plus paradoxaux en la matière. Ainsi, si le Situationnisme permet au roman-photo de faire irruption dans les sphères de l'avant-garde, plus récemment, les exemples de romans-photos d'artistes abondent, qu'il s'agisse raconter des histoires situées au croisement de l'absurdisme et de l'allégorie métaphysique (les désormais célèbres séquences poético-philosophiques de Duane Michals dans *Things Are Queer* ; 1973), de s'affranchir des formats narratifs linéaires (le palindromique *Cover to Cover* de Michael Snow (1975), de faire revivre l'héritage situationniste à l'intersection du livre d'artiste et de la galerie d'art – comme ce fut le cas d'installation hybrides telles que la *Suite Vénitienne* de Sophie Calle (1980) ou encore le *Chausse-trappes* d'Edward Lachman et Elieba Levine (préfacé par Alain Robbe-Grillet ; 1981) – ou de produire un roman d'amour déguisé en journal photographique (*286 jours* De Frédéric Boilet et Laia Canada ; 2014).

Deux publications récentes de Jan Baetens apportent un éclairage singulier à cet édifice. La première est son ouvrage critique *The Film Photonovel : A Cultural History of Forgotten Film Adaptations* (University of Texas Press, 2019), lequel met au jour les complexités et les potentialités esthétiques du cinéroman, contre ses détracteurs et en dépit de ce qui est souvent perçu comme ses limites structurelles et son contenu stéréotypé. A titre d'exemple, Baetens se livre à une lecture rapprochée de l'adaptation de *Fenêtre sur Cour* d'Alfred Hitchcock (1955), œuvre dont les symétries complexes et les stratégies de composition multidirectionnelles s'avèrent particulièrement intéressantes, notamment en ce qui concerne leur tendance à dévier des normes classiques du montage et de la construction filmique. *The Film Photonovel* se referme sur un sous-chapitre consacré à l'adaptation (Bruce Mau, 1993) de *La Jetée* de Chris Marker (1962). Cette dernière marque « un changement radical dans le statut social [du cinéroman] », eu égard à l'énorme influence de

Marker sur plusieurs générations de réalisateurs, photographes, écrivains et vidéastes. Elle apparaît également comme un exemple saillant de la manière dont des techniques et des contraintes minimalistes peuvent produire des œuvres d'une « complexité vertigineuse »[8] (154).

Le second ouvrage de Baetens, intitulé *Une fille comme toi* et publié par Jean Boîte Editions en 2020, incarne une première dans l'histoire des métamorphoses génériques et structurelles

du roman-photo. Ainsi, l'ouvrage se définit comme un ciné-roman-photo au second degré – ou, pourrait-on dire, « de seconde main » –, un remix visuel créant « l'équivalent fictif d'un film qui n'a jamais existé, mais dont on reconnaît toutes les images »[9] (quatrième de couverture). Il s'agit ni plus ni moins du premier roman-photo « trouvé », une œuvre prenant logiquement sa place chez Jean Boîte, maison d'édition intrépide se donnant pour but d'explorer les récents avatars de l'« écriture noncréative ».[10] Vertigineux collage de plus ou moins 300 photogrammes

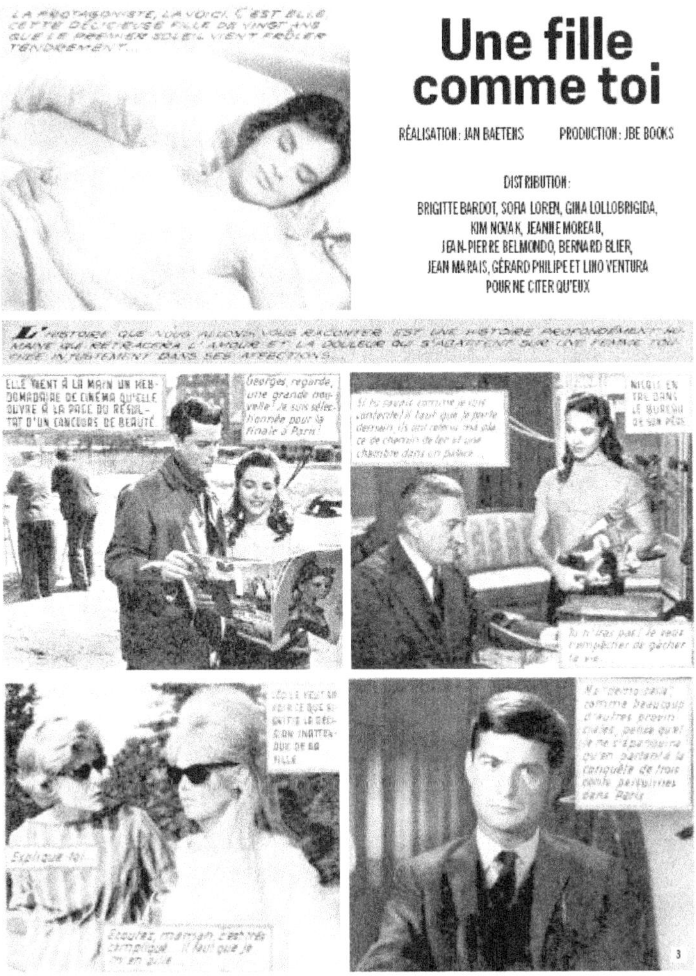

extraits d'une centaine de romans-photos des années cinquante et soixante, *Une fille comme toi* se présente au lecteur comme un « roman complet avec une photo géante de Gina Lollobridgida »[11]. Une des particularités de l'ouvrage est que – contrairement aux exemples avant-gardistes envisagés plus haut, lesquels ont en commun un désir de faire éclater la linéarité du récit – il se donne pour tâche d'expérimenter « à l'envers » au sein d'une démarche centripète qui réintroduit de la continuité narrative là où il ne devrait logiquement pas y en avoir. Ainsi, les images, dialogues, personnages et décors « empruntés » par Baetens esquissent une nouvelle voie dans l'art du roman photo expérimental, réussissant un véritable tour de force qui constitue un moment unique dans l'histoire de ce genre méconnu et sous-estimé, un tour de force qui constitue à la fois un florilège de la diversité du ciné-roman et un collage poétique entrecoupé de courts essais critiques nous livrant une histoire singulière de bout en bout, faite de transitions narratives fulgurantes et de glissements spatio-temporels décalés.

Bibliographie

Jan BAETENS, *Pour le roman-photo*, Bruxelles, Les Impressions Nouvelles, 2010.

-----. *The Film Photonovel : A Cultural History of Forgotten Adaptations*, Austin, The University of Texas Press, 2019.

Roland BARTHES, *L'obvie et l'obtus*, Paris, Seuil, 1982.

Frédéric BOILET et Laia CANADA, *286 jours*, Bruxelles, Les Impressions Nouvelles, 2014.

Sophie CALLE, *Suite vénitienne*, suivi de *Please Follow Me* de Jean Baudrillard, Paris, Editions de l'étoile, 1983.

Jean-Claude CHIROLLET, *Esthétique du photoroman*, Paris, Edilig, 1983.

Kenneth GOLDSMITH, *Uncreative Writing : Managing Language in the Digital Age*, New York : Columbia University Press, 2011.

Edward LACHMANN et Elieba LEVINE, Paris, Editions de Minuit, 1981.

Duane MICHALS, *Things are Queer : 50 Years of Sequences*, Göttingen, Steidl Vermag, 2021.

Edgar MORIN, *L'esprit du temps*, Paris, Grasset, 1962.

Michael SNOW, *Cover to Cover,* Halifax/New York, The Press of the Nova Scotia College of Art and Design/New York University Press, 1975.

Notes

[1] C'est en observant quelques photogrammes d'Eisenstein que Barthes émet une distinction entre leur sens obvie, ce qui « vient au-devant » de l'observateur et s'impose à lui de manière transparente, et leur sens obtus : « un supplément que mon intellection ne parvient pas bien à absorber, à la fois têtu et fuyant, lisse et échappé » (Roland BARTHES, *L'obvie et l'obtus*, Paris, Seuil, 1982, p. 41).
[2] *Ibid.*, pp. 59-60.
[3] Will EISNER, *La bande dessinée : art séquentiel*, Paris, Vertige Graphic, 1997, p. 7.
[4] Jean-Claude CHIROLLET, *Esthétique du photoroman*, Paris, Edilig, 1983, p. 217.
[5] Jan BAETENS, *Pour le roman-photo*, Bruxelles, Les Impressions Nouvelles, 2010, p. 93.
[6] *Ibid.*, quatrième de couverture.
[7] Edgar MORIN, *L'esprit du temps*, Paris, Grasset, 1962, p. 106-7.
[8] Jan BAETENS, *The Film Photonovel : A Cultural History of Forgotten Adaptations*, Austin, The University of Texas Press, 2019, p. 154.
[9] Jan BAETENS, *Une fille comme toi*, Paris, Jean Boîte Editions, 2020, quatrième de couverture.
[10] Selon l'expression désormais consacrée de Kenneth Goldsmith, dont l'essai fondateur sur l'« écriture sans écriture » (pour reprendre la traduction de François Bon), *Uncreative Writing : Managing Language in the Digital Age* (New York : Columbia University Press, 2011), a lui aussi été publié par Jean Boîte.
[11] *Ibid.*, p. 1.

Indice

Finito di stampare
nel mese di maggio 2022
da Nerosubianco edizioni - Cuneo (Italy)